Mijn Slaap Plan

Dit werkboek is van:

Kind en adolescent praktijkreeks
Dit werkboek, *Mijn Slaap Plan*, is onderdeel van de Kind en adolescent praktijkreeks. Bij deze titel is tevens te bestellen: *Slaaptraining voor jongeren op basis van CGT en motiverende gespreksvoering* – handboek, Uitgeverij Bohn Stafleu van Loghum, Houten, 2020.

Bestellen:
De boeken zijn rechtstreeks te bestellen via de webwinkel van uitgeverij Bohn Stafleu van Loghum te Houten: www.bsl.nl of via de boekhandel.

Redactie Kind en adolescent praktijkreeks
Dr. F. Bootsman
Dr. I.M. Hein
Drs. M.J. van Hoof
Drs. G.H.H. van der Loo-Neus
Prof. dr. E.M.W.J. Utens
Dr. J.C. Visser, Malden

Mijn Slaap Plan

Werkboek Slaaptraining voor jongeren op basis van CGT en motiverende gespreksvoering

Marije Kuin
Bianca Boyer

Houten 2020

ISBN 978-90-368-2333-3
ISBN 978-90-368-2334-0 (eBook)
DOI 10.1007/978-90-368-...

© Bohn Stafleu van Loghum is een imprint van Springer Media B.V., onderdeel van Springer Nature 2020
Alle rechten voorbehouden. Niets uit deze uitgave mag worden verveelvoudigd, opgeslagen in een geautomatiseerd gegevensbestand, of openbaar gemaakt, in enige vorm of op enige wijze, hetzij elektronisch, mechanisch, door fotokopieën of opnamen, hetzij op enige andere manier, zonder voorafgaande schriftelijke toestemming van de uitgever.

Voor zover het maken van kopieën uit deze uitgave is toegestaan op grond van artikel 16b Auteurswet j° het Besluit van 20 juni 1974, Stb. 351, zoals gewijzigd bij het Besluit van 23 augustus 1985, Stb. 471 en artikel 17 Auteurswet, dient men de daarvoor wettelijk verschuldigde vergoedingen te voldoen aan de Stichting Reprorecht (Postbus 3060, 2130 KB Hoofddorp). Voor het overnemen van (een) gedeelte(n) uit deze uitgave in bloemlezingen, readers en andere compilatiewerken (artikel 16 Auteurswet) dient men zich tot de uitgever te wenden.

Samensteller(s) en uitgever zijn zich volledig bewust van hun taak een betrouwbare uitgave te verzorgen. Niettemin kunnen zij geen aansprakelijkheid aanvaarden voor drukfouten en andere onjuistheden die eventueel in deze uitgave voorkomen.

NUR 777
Basisontwerp omslag: Studio Bassa, Culemborg
Cartoons omslag en binnenwerk: Marcel Jurriëns, Boxtel
Automatische opmaak: Pre Press Media Groep, Zeist

Bohn Stafleu van Loghum
Walmolen 1
Postbus 246
3990 GA Houten

www.bsl.nl

Inhoud

Inleiding		7
De indeling van dit werkboek		9
1	Onderzoek wat er allemaal verandert voor jou	11
2	Belangrijk om te weten voordat je goed kunt slapen	17
3	Onderzoek hoe je nu eigenlijk slaapt	35
4	Uitproberen maar: experimenteren!	47
5	Huh? Waarom gaat het opeens weer zo moeilijk?	61
Bijlagen		69

Inleiding

Je hebt dit werkboek opengeslagen omdat jij (of iemand in jouw omgeving) het een goed idee vindt om te *onderzoeken* of jouw slaap kan verbeteren.

Onderzoeken ja.

Je zult inmiddels vast al veel tips en advies gehoord hebben van anderen over hoe je beter, langer of dieper kunt slapen, maar blijkbaar werkt dat allemaal niet genoeg. Dat kan bijvoorbeeld komen doordat de adviezen en tips niet bij jou passen, of omdat ze te lastig zijn om uit te voeren. En daarom heb je waarschijnlijk nu dit boek voor je neus: om uit te proberen of dit dan gaat werken.

Als het goed is, werk je met iemand samen in dit boek, een trainer. Het is namelijk enorm moeilijk om gedrag te veranderen en slapen is ook gedrag. Het helpt als er dan iemand met jou meedenkt die daar veel vanaf weet. Samen komen jullie er hopelijk achter hoe dat zit met jouw slaapritme en kunnen jullie onderzoeken of en hoe dat veranderd kan worden.

Succes met uitproberen en slapen!

De indeling van dit werkboek

Het kan per persoon enorm verschillen waardoor je niet lekker slaapt: te vroeg wakker, te lang wakker liggen, te laat naar bed, te veel afleiding, te veel piekeren, te veel energie, te somber, te saai, te koud, te warm enzovoort. Daardoor werkten de tips en adviezen die je eerder kreeg misschien ook niet. Er spelen zoveel factoren een rol. Als je niet eerst heel goed kijkt naar hoe het bij jou precies zit, is het moeilijk om precies uit te vogelen wat oorzaken zijn en wat gevolgen!

Het helpt om al deze factoren in kaart te brengen en te onderzoeken waar nog iets in verbeterd kan worden. En dat werkt het beste als je ook voldoende motivatie hebt om aan de slag te gaan.

Uit onderzoek is bekend dat motivatie om iets te veranderen nogal kan wisselen. Als je iets wilt aanpakken, heb je momenten waarop je er helemaal voor gaat en andere momenten denk je: laat maar. Jouw trainer zal daarom vaak bij jou checken hoe gemotiveerd je bent en dan kiezen welk onderwerp het beste besproken kan worden.

Dit werkboek is daardoor een soort keuzemenu. Vergelijk het maar met een menu in een restaurant: jij en je trainer kiezen samen welk gerecht van de kaart die dag het beste bevalt.

Ben je wel eens uit eten geweest? Zo ja, dan weet je dat je meestal een hapje vooraf krijgt. Een stokbroodje bijvoorbeeld of olijven om de eerste honger te stillen. Het eerste hoofdstuk in dit werkboek is ook zoiets: daar begint het voor iedereen mee. In het eerste hoofdstuk onderzoek je samen met de trainer wat er allemaal verandert als je slaap ook zou veranderen. Positieve en negatieve veranderingen! Daarna leer je meer over slapen en ga je kijken hoe je dat nu eigenlijk precies doet. Ten slotte kunnen jullie kiezen welk onderwerp uit hoofdstuk 4 (welk gerecht) daar mooi bij aansluit.

En mocht de motivatie op een gegeven moment inzakken, dan kun je altijd terug naar hoofdstuk 1 om te kijken of er iets veranderd is en of een ander onderwerp beter past.

Het menu voor de komende weken:
Hoofdstuk 1 Onderzoek wat er allemaal verandert voor jou
Hoofdstuk 2 Belangrijk om te weten voordat je goed kunt slapen
Hoofdstuk 3 Onderzoek hoe je nu eigenlijk slaapt
Hoofdstuk 4 Uitproberen maar: experimenteren!
Hoofdstuk 5 Huh? Waarom gaat het opeens weer zo moeilijk?

Jouw trainer zal regelmatig willen checken of je nog steeds tevreden bent over hoe het werkboek werkt voor jou. En ook of jij denkt dat het beter zou helpen als jouw trainer iets anders doet. Op die manier heb jij zelf invloed op deze training en of je ermee door wil gaan. Jouw trainer zal regelmatig drie vragen aan je stellen, die meetbaar opgeschreven zijn, helemaal achterin dit werkboek. Blader maar eens naar de allerlaatste bijlagen om te zien hoe dat eruitziet.

En dan kun je daarna beginnen met hoofdstuk 1!

1 Onderzoek wat er allemaal verandert voor jou

Vandaag begin je met een onderzoek naar wat er allemaal verandert als jouw slaap verandert. Heb je de eerste twee bladzijden gelezen? Zo nee, bespreek dan nu samen met jouw trainer wat daar uitgelegd wordt, zodat je begrijpt hoe dit werkboek werkt.

1.1 Doelen

Als allereerste stap bedenk je wat jouw doelen worden van deze training. Dat zal met slapen te maken hebben, maar iedereen heeft een eigen probleem rondom het slapen en dus ook een eigen doel. Hieronder staan mogelijke doelen, maar je kunt natuurlijk ook zelf nog doelen bedenken:

- uitgerust wakker worden
- meer energie voelen overdag
- mij beter concentreren in de les overdag
- betere cijfers halen bij toetsen
- meer activiteiten ondernemen overdag, bijvoorbeeld _____
- maximaal 2 uur gamen per dag
- maximaal 3 afleveringen kijken
- 's avonds een boek lezen in plaats van op beeldscherm werken
- minder lang piekeren in bed, zodat ik eerder of rustiger in slaap val
- drie keer per week sporten, zodat ik moe ben als ik in bed lig
- geen ruzie meer hebben over bedtijden met mijn ouders
- (twee uur) langer slapen per nacht
- overdag niet meer slapen

Mijn doel(en):

1. _____

2. _____

3. _____

Hoe gaat het nu met deze doelen? Geef elk doel een cijfer dat volgens jou het beste past bij hoe het nu gaat met jouw doelen.
1 = helemaal niet goed
2 = niet zo goed
3 = niet goed en niet slecht
4 = best goed
5 = heel goed

doel	score
1	
2	
3	
4	
5	
6	
totaalscore:	

Achterin dit werkboek vind je meer van deze scoringslijsten. Zo kun je samen met je trainer iedere keer een tabel invullen om bij te houden of je doelen al verbeteren.

(Eventueel) Aanvullende doelen nadat ik hoofdstuk 2 en 3 heb gemaakt:

4. _____

5. _____

6. _____

1.2
Is dat wel haalbaar?

Probeer te bedenken of het doel dat je je gesteld hebt ook haalbaar is. Sommige doelen zijn makkelijker te bereiken dan andere doelen: 100% betekent dat je er helemaal van overtuigd bent dat het je gaat lukken, bij 0% weet je nu eigenlijk al zeker dat het je niet gaat lukken. Schrijf de percentages op in de tweede kolom op de volgende bladzijde.

Schrijf in de laatste kolom op of jij denkt dat jouw doel zal lukken op een korte of lange termijn. Voor sommige doelen heb je nu eenmaal meer tijd nodig dan voor andere doelen. Jij mag zelf bedenken wat jij een korte termijn vindt en wat je een lange termijn vindt. Bespreek daarna met je trainer of er voldoende haalbaarheid in jouw doelen zit. Soms helpt het om tussenstapjes te bedenken die sneller haalbaar zijn, zodat je gemotiveerd blijft!

doel	haalbaarheid	korte of lange termijn
1		
2		
3		
4		
5		
6		

1.3 Voor- en nadelen

Blijkbaar gaat er iets niet helemaal lekker met jou en slapen, want dat is de reden dat je hier zit. Om goed te begrijpen hoe dat voor jou is, begin je vandaag met een onderzoek naar wat er allemaal zou veranderen als jouw slaap verandert.

Dat doe je door de tabel hierna in te vullen. Wat zijn de nadelen en voordelen van hoe je nu slaapt? En wat zijn de nadelen en voordelen als je beter zou slapen? Jouw trainer kan helpen meedenken en zal vragen stellen tijdens het invullen, maar jij bent de baas over wat er uiteindelijk wel en niet in de tabel komt te staan. Het moet bij jou passen!

1. Schrijf op hoe je nu (niet) slaapt.
2. Schrijf op hoe het eruit zou zien als je beter zou slapen (je doelgedrag).
3. Schrijf de nadelen op van je huidige slaapritme.
4. Schrijf de voordelen op van je huidige slaapritme.
5. Schrijf de nadelen op van een 'beter' slaapritme.
6. Schrijf de voordelen op van een 'beter' slaapritme.

	nadelen	voordelen
hoe ik nu slaap		
als ik beter zou slapen		

1.4
Wil ik dit uitproberen?

Na het invullen van de tabel met voor- en nadelen is het soms meteen duidelijk dat je je gedrag wilt veranderen, soms twijfel je en soms zul je denken dat je helemaal niet wilt veranderen.
Om een weloverwogen keuze te maken of je wel of niet wilt proberen te veranderen, zijn de volgende twee vragen heel belangrijk.

Hoe graag wil je veranderen?
Geef een cijfer: 1 = helemaal niet; 10 = heel erg graag.

1	2	3	4	5	6	7	8	9	10

Wat maakt dat je niet voor een ... (1 cijfer lager invullen) kiest?

_____

Hoe zou het een ... (1 cijfer hoger invullen) kunnen worden?

_____

Hoeveel vertrouwen heb je erin dat het je gaat lukken?
Geef een cijfer: 1 = helemaal geen vertrouwen; 10 = het volste vertrouwen.

1	2	3	4	5	6	7	8	9	10

Wat maakt dat je niet voor een ... (1 cijfer lager invullen) kiest?

_____

Hoe zou het een ... (1 cijfer hoger invullen) kunnen worden?

_____

Bespreek nu met jouw trainer hoe je denkt over een andere manier van slapen: is het de moeite waard of niet?

☐ JA
☐ NEE
☐ IK WIL ER NOG EVEN OVER NADENKEN

JA: ga door met paragraaf 1.5

NEE: bespreek dan of het de moeite waard is om toch te gaan experimenteren. Wie weet zit er zowaar een plan tussen dat wel haalbaar en de moeite waard is. Als je dat ook niet wilt, dan kun je met je trainer bespreken of je nog andere hulp wil.

IK WIL ER NOG EVEN OVER NADENKEN: bespreek hoeveel tijd je nodig hebt om erover na te denken, hoe je dat gaat doen en onthouden en maak een nieuwe afspraak.

1.5
Nu al iets uitproberen?

Zijn er nu al plannen ontstaan die je wilt gaan uitproberen? Zo ja, schrijf die dan hieronder op of blader door naar hoofdstuk 4, waarin de experimenten om je slaap te verbeteren worden opgeschreven.

Let op! Als je iets wil uitproberen, kies dan iets kleins: dan is de kans het grootst dat het ook echt lukt.

_____
_____
_____
_____
_____

Achterin dit werkboek vind je nog meer lege na-en-voordeeltabellen, zodat je die kunt invullen als jij en je trainer denken dat dat handig is. Je kunt daar bijvoorbeeld ook opschrijven wat de nadelen en voordelen van een specifiek plan zijn dat je wilt gaan uitproberen om te onderzoeken of dat de moeite waard is.

1.6
Thuisopdracht

In hoofdstuk 2 staat alles wat je moet weten over slapen, zodat je daarna een goed plan kunt maken dat bij jou past. Bespreek met je trainer of jij thuis hoofdstuk 2 wilt maken, of dat je niet zeker weet of je dat wel wilt. Jullie kunnen de volgende keer natuurlijk ook samen hoofdstuk 2 aanpakken.

2 Belangrijk om te weten voordat je goed kunt slapen

Op internet kun je heel veel informatie over slapen vinden en er staan daar ook allerlei tips en adviezen om beter te gaan slapen. Het lastige aan internet is dat daar ook veel informatie wordt gegeven waar je je twijfels bij kunt hebben. Het is soms ingewikkeld om de informatie eruit te pikken waar je echt iets aan hebt.

In dit hoofdstuk staat alles wat je moet weten over slapen, zodat je daarna een goed plan kunt maken dat bij jou past. De vragen die erbij staan, kunnen helpen om een goed plan te maken.

2.1 Waarom slapen we eigenlijk?

Je zou denken dat slapen vooral is om lekker uit te rusten. Dat merk je ook als je niet goed slaapt; dan voel je je overdag vermoeid en krijg je moeite met concentreren, waardoor leren lastiger is. Ook je humeur heeft te lijden onder slecht slapen: je wordt sneller boos of emotioneel en gaat drukker doen als je wakker wilt blijven. Uiteindelijk kan te weinig slaap tot somberheid leiden, maar ook tot bijvoorbeeld gezondheidsproblemen en middelenmisbruik (alcohol of drugs om te kunnen slapen).

Dus wat gebeurt er dan allemaal als je lekker ligt te slapen waardoor je je zoveel beter voelt daarna? Eigenlijk werken je hersenen enorm hard als je aan het slapen bent. Op hersenscans kun je dat meten: er is een enorme activiteit tijdens jouw slaap in je hersenen (zie figuur 2.1).

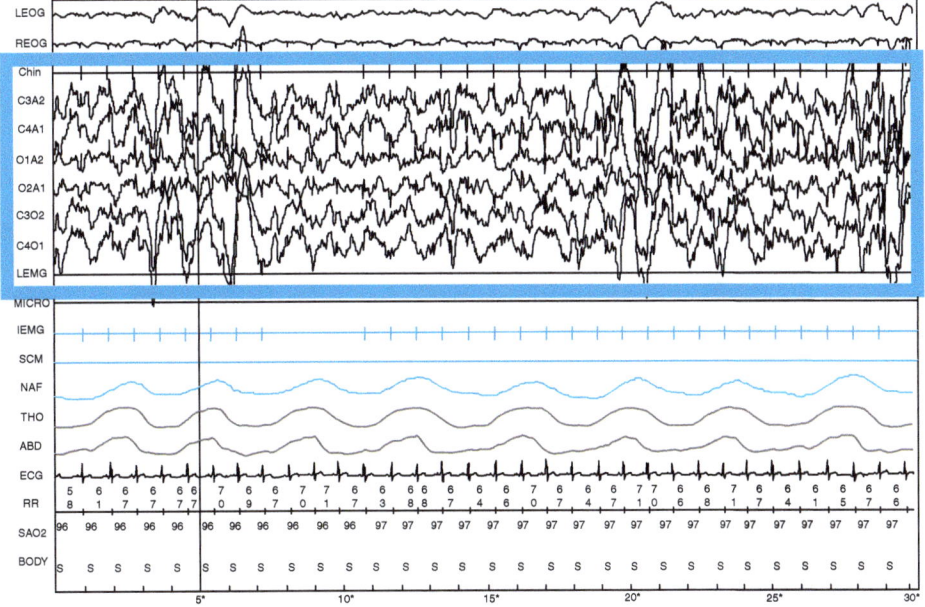

Figuur 2.1 EEG-scan tijdens de slaap (wikipedia)

Je hersenen zijn 's nachts bezig met verwerken, organiseren, groeien, bouwen en herstellen, zowel voor je lichaam als voor je geest. We slapen ook om te leren, want informatie wordt verbeterd en vastgehouden tijdens je slaap. Dat enorme archief kan ook wel wat opruimtijd gebruiken. De informatie die overdag binnenkomt in jouw hersenen, wordt overdag opgeslagen in je kortetermijngeheugen. Dat geldt dus ook voor de informatie die je leert voor een toets! Al die informatie wordt 's nachts op de 'harde schijf' overgezet, waar het langer bewaard kan blijven in je langetermijngeheugen. En overbodige informatie wordt in de prullenbak gegooid; heel efficiënt. Dus slapen zorgt er echt voor dat je gezond en slim wordt en de volgende dag weer fris kunt starten!

Als je iets nieuws leert en daarna goed slaapt, kun je je dat de volgende dag veel beter herinneren dan iemand die hetzelfde heeft geleerd, maar die niet (goed) heeft geslapen! Bizar toch?

Zoals je zelf vast al gemerkt hebt, is het veel moeilijker om je te concentreren als je te weinig slaapt. Als je sowieso al minder concentratie hebt dan gemiddeld is dat dus extra lastig! Ook zul je vaak minder zin hebben om iets te gaan doen als je moe bent, je kunt er somber van worden. Vermoeidheid kan grote invloed hebben op je leven, want om de dag door te komen, heb je wel energie nodig.

2.2
Hoeveel slaap heb je nodig?

Op deze vraag is geen duidelijk antwoord te geven. Ieder mens is uniek en heeft daardoor een andere hoeveelheid slaap nodig. Slaap is een soort zelfregulerend systeem en past zich aan je behoeftes aan als het 'normaal' gaat. Anders gezegd: je hersenen regelen zelf je slaap (zie verderop uitleg over de hersenen). Na langdurige inspanning, ziekte of heftige emoties bijvoorbeeld zorgen je hersenen er zelf voor dat je meer uren slaapt, zodat je daarvan kunt herstellen. Daarnaast verandert de hoeveelheid slaap die je nodig hebt in een mensenleven voortdurend.

En tenslotte hangt je slaapbehoefte enorm samen met hoe je dagschema eruitziet! Als je heel actief bent geweest en heel veel hebt meegemaakt, zul je meer goede slaapuren nodig hebben, dan als je de hele dag op de bank hangt. Vanuit onderzoek is er wel een soort gemiddelde slaaptijd ontdekt per leeftijdsfase. Dat kun je zien in figuur 2.2 en 2.3.

Er is dus een richtlijn waar je je een beetje aan kunt houden (8,5 tot 10 uur per nacht), maar per mens zijn er altijd enorme verschillen in slaapbehoefte. Voor een deel is dat zelfs erfelijk bepaald. En ook het effect van slaaptekort op mensen wisselt enorm. De een gaat lachend door met een slaaptekort, de ander huilt om alles door een slaaptekort.

Maar hoe kom je er dan achter hoeveel slaap je nodig hebt? We weten uit onderzoek wel dat schoolcijfers slechter worden als je minder dan 7 uur slaapt per nacht. Het is dus handig om daar in ieder geval op uit te komen. Je kunt ook navragen bij je ouders of je van oorsprong een veelslaper of een weinigslaper bent. Dat onderscheid zie je namelijk vaak al bij heel jonge kinderen.

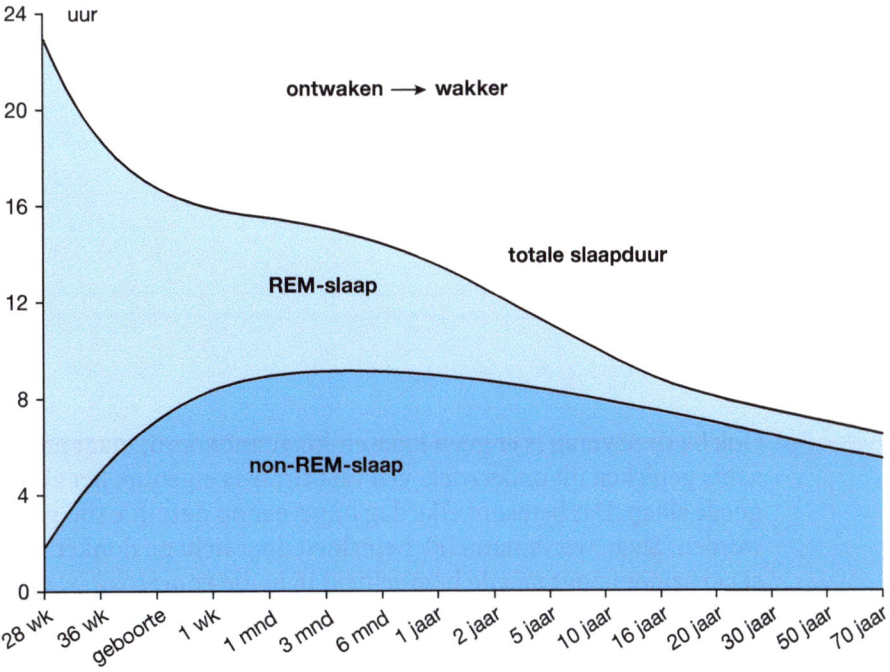

Figuur 2.2. De gemiddelde slaaptijd neemt af als we ouder worden

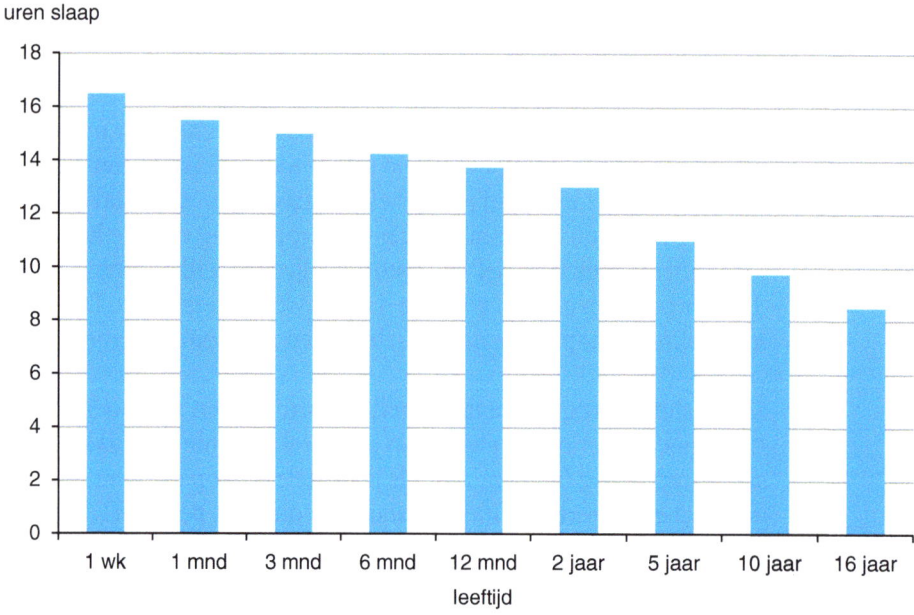

Figuur 2.3 *Gemiddelde hoeveelheid slaap vermindert (Verbraecken e.a., 2013)*

Was jij een veelslaper of een weinigslaper als jong kind? Waaraan merkten jouw ouders dat?

Daarnaast kun je proberen te achterhalen hoeveel je sliep voordat je slapen moeilijker werd. Dat is lastiger als je al je hele leven moeilijk slaapt, maar soms is er een periode geweest waarin dat wel goed ging.
Met hoeveel uren slaap functioneerde jij vroeger goed genoeg? Wanneer was dat en hoe merkte jij dat? Of wat merkten de mensen in jouw omgeving daarvan?

2.3
Wat is de beste inslaaptijd?

Ook bij deze vraag is er geen kant-en-klaar antwoord, maar er is wel iets interessants gebleken uit onderzoek: een vast ritme is eigenlijk het allerbeste voor een goede slaap. Dat betekent elke dag ongeveer op dezelfde tijd gaan slapen en wakker worden. Slaap wordt namelijk beïnvloed door licht en donker. Omdat een goede slaap samenhangt met de hoeveelheid licht die er overdag is, slapen mensen in de winter vaak iets eerder dan in de zomer. Als je in de zomer later naar bed gaat en daardoor later wakker wordt, mis je het ochtendlicht in de eerste uren van de dag. En dat is dus wel belangrijk voor een goede slaap en voor voldoende energie overdag. In de zomer krijg je overdag voldoende licht om dat tekort weer op te heffen, in de winter niet. Best gek dat de uren in de ochtend al van invloed zijn op je slaap, maar zo werkt het in de hersenen (zie ook paragraaf 2.4).

De meeste (jonge) kinderen gaan naar bed als het donker wordt en worden elke dag ongeveer op dezelfde tijd weer wakker, meestal vroeg en ook als ze vrij zijn. Nu blijkt uit onderzoek dat jongeren vaak een latere inslaaptijd hebben dan kinderen en volwassenen! Als vanzelf verschuift de inslaaptijd, waardoor je je opeens nog heel wakker en alert voelt om tien uur 's avonds en echt geen zin hebt om te slapen. Tegen de tijd dat je twintig wordt, wordt dat weer wat 'normaler' (zie figuur 2.4). Zelfs bij puberdieren is dit effect gebleken. Het lijkt dus door de hormonen te komen (en niet door bijvoorbeeld beeldschermen; daarover verderop meer).

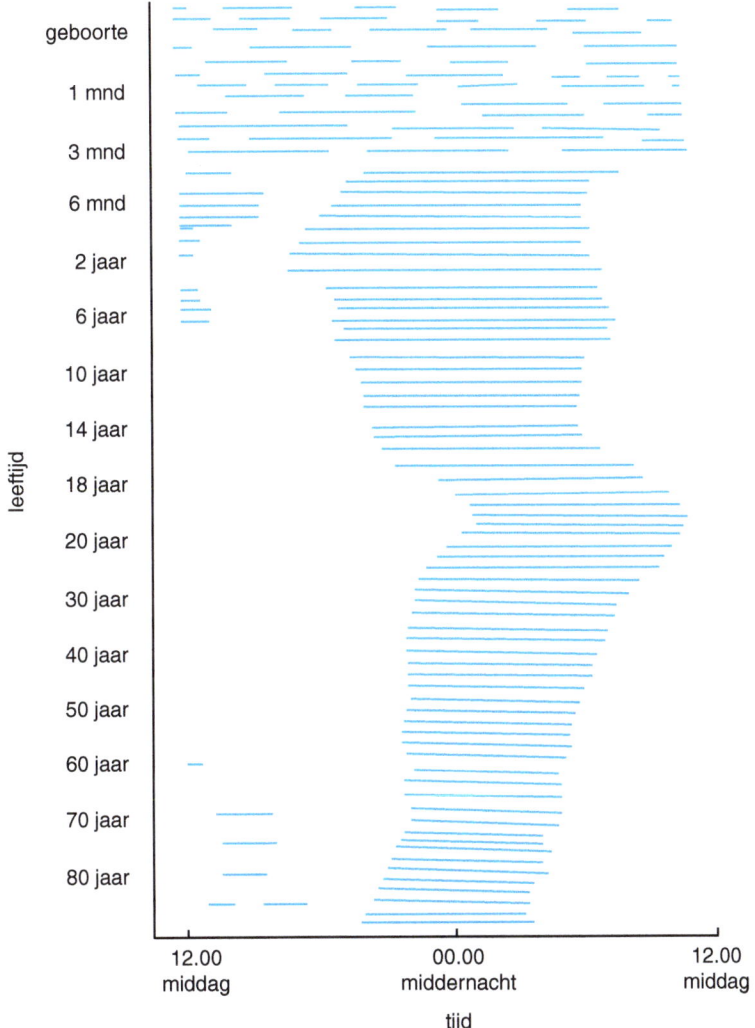

Figuur 2.4 *Verandering van inslaaptijd tijdens ons leven (Shneerson, 2000)*

Als je geen school zou hebben, zou laat inslapen eigenlijk geen probleem hoeven te zijn. Dan kun je gerust rond twaalf of een uur 's nachts gaan slapen en rond negen uur wakker worden. Maar helaas beginnen de scholen, studies en werkdagen vroeg en daardoor hebben veel jongeren last van een chronisch slaaptekort en moeheid overdag. Dat laat zich deels compenseren in de weekeinden, maar echt lekker functioneert het slaapsysteem dan niet.

Hoe zit dat bij jou? Wat is jouw ideale inslaaptijd in een wat langere vakantieperiode? Waaraan merk je dat dat een goede tijd is?

En wat zou een goede inslaaptijd zijn om aan jouw ideale slaapuren te komen als je wel naar school, studie of werk moet?

2.4
Hoe werkt slaap in de hersenen?

Wat weet jij eigenlijk al over hoe slaap in de hersenen werkt? Bespreek dat met je trainer en schrijf het hieronder op. Hoe weet je of deze informatie klopt?

Het is eigenlijk heel bijzonder hoe de hersenen jouw slaap regelen. Er is een slaapsysteem aan het werk in de hersenen en een waaksysteem (om wakker te worden/blijven). Er zijn allerlei stoffen actief in je hersenen om door te geven aan jouw lichaam dat je mag slapen of wakker moet blijven. Deze stoffen heten neurotransmitters en regelen een heleboel in je hersenen. Na ongeveer 16 uur wakker zijn, geven deze stoffen aan jouw lichaam door dat er slaap nodig is en word je slaperig. Je kunt moeilijker nadenken, je spieren willen niet meer bewegen, je bloeddruk wordt lager en zelfs je lichaamstemperatuur verandert. Allemaal om ervoor te zorgen dat slapen makkelijker lukt.

Dat systeem noemen we de biologische klok. Een systeem in je hersenen dat uit zichzelf zorgt dat je op tijd gaat slapen. Alleen duurt de dag voor deze biologische klok ongeveer 10 minuten langer dan 24 uur. Als we dus alleen naar onze biologische klok zouden luisteren, zouden we na enkele maanden midden op de dag willen slapen. Die 10 minuten per dag schuiven de hele boel op. Daarom is er een hulpmiddel in de hersenen, dat werkt op daglicht en schemering.

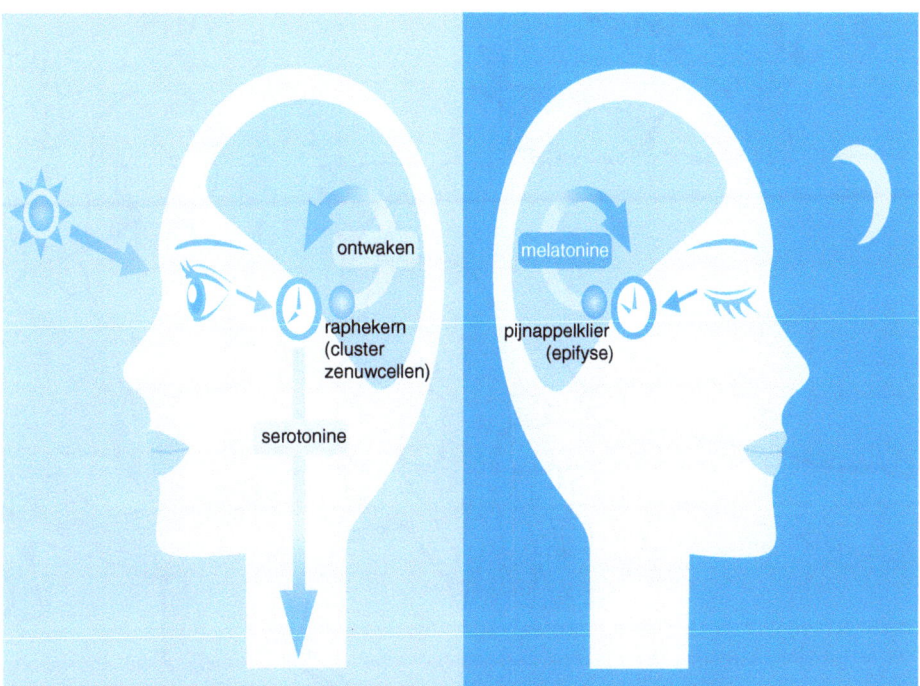

Figuur 2.5 De hersenen met de biologische klok en het effect van daglicht

Als het dag wordt en we het daglicht feller zien worden, stelt een centrum in de hersenen de biologische klok bij: 'Aha, het wordt nu al dag, ik zal iets sneller een seintje geven dat je wakker mag worden.'
En 's avonds checkt dit centrum als het donker wordt ook nog of de biologische klok goed loopt: 'Oh, het wordt al donker, ik zal zorgen dat je niet te laat slaperig wordt.' De biologische klok past zich aan, waardoor wij overdag actief kunnen zijn en 's nachts kunnen slapen.

Vooral het moment waarop het licht gaat worden en het moment dat het donker gaat worden, zijn voor jouw klok belangrijke ijkpunten. Als je dus in de ochtend nog ligt uit te slapen, mis je het licht van het begin van de dag en kan jouw klok zich minder goed aanpassen. En als je 's avonds helder licht aan hebt terwijl het buiten donker wordt, kan jouw klok zich weer niet aanpassen. Die klok houdt heel erg van een vast ritme; daar doet hij het het beste op. Uitslapen is voor jouw biologische klok dus erg onhandig, omdat hij de tijd dan niet kan bijstellen. Terwijl jouw lichaam waarschijnlijk snakt naar uitslapen in het weekeinde. Lichaam en klok zijn het dan niet met elkaar eens.

Daardoor loopt jouw biologische klok al snel uit de maat en geeft op een onhandig moment aan dat het tijd is om wakker te worden, bijvoorbeeld pas halverwege het vijfde lesuur, de eerste lesuren heb je dan half slapend bijgewoond. En al even onhandig is het dat je 's avonds klaarwakker in je bed ligt, terwijl het al heel laat is...

In de vorige paragraaf werd uitgelegd dat veel jongeren liever later naar bed gaan en in het weekeinde uitslapen. Dan stelt de klok dus niet goed bij. Kijk eens of je samen met jouw trainer kunt bedenken hoe jij jouw biologische klok zou kunnen helpen om zich makkelijker in te stellen op een 24 uur schema?

2.5
Wat kan allemaal de slaap in de hersenen verstoren?

Om op handige tijden te kunnen slapen, zijn jouw hersenen de hele dag informatie aan het verwerken die van invloed is op jouw slaap. Een slaapprobleem is een 24 uursprobleem en niet alleen maar een slaapprobleem. Op de kwaliteit van je slaap hebben overdag en 's nachts allerlei zaken invloed, zoals: eten, stress, de temperatuur, middelengebruik, tijdsverschillen, beeldschermen en psychische problemen.

Eten

Wist je bijvoorbeeld dat je lichaam veel meer trek krijgt als je te weinig hebt geslapen? Je hersenen denken dan dat er te weinig energie is en proberen dit tekort aan te vullen. De meeste mensen gaan als ze moe zijn ongezonde dingen eten. Vetten en suikers geven een directe energieboost en dat voelt goed als je moe bent. Een nadeel is wel dat als je dat soort dingen aan het einde van de dag eet, je hersenen dan weer denken dat het nog energie kwijt moet raken. En dus blijf je wakker en ga je niet in de 'dagafsluitstand': je bloeddruk blijft hoog, evenals je lichaamstemperatuur, je blijft nadenken en kunt zelfs onrust in je lichaam hebben. Je biologische klok is in de war! En in slaap vallen lukt dan niet.

Hoe is het met jouw lichaam als je moe bent? Ga je ook meer snoepen of snacken? En wat merk jij daarvan?

_____
_____
_____
_____

Stress

Ook te veel stress zorgt ervoor dat de hersenen in de war raken. Stress zorgt ervoor dat er een hormoon actiever wordt rondgestuurd in je lichaam: cortisol. Een belangrijk hormoon als er gevaar dreigt, want het zorgt ervoor dat je bloed sneller wordt rondgepompt, zodat je energie hebt om te vechten of vluchten. Daardoor overleef je gevaarlijke situaties beter. Dit systeem bestaat al sinds de oertijd. Als er een sabeltandtijger voor je neus stond, was het niet handig om rustig na te denken wat je het beste kon doen, maar moest je direct reageren. Vechten of vluchten! Cortisol helpt om snel te reageren op gevaar en dit systeem bestaat nog steeds in onze hersenen.

Alleen is er bij stress tegenwoordig meestal geen levensgevaar meer: er staat geen sabeltandtijger voor de ingang van de grot en je hoeft dus niet te kiezen tussen vechten of vluchten. Stress komt tegenwoordig eerder door zorgen die je je maakt over bijvoorbeeld school of over mensen om je heen. Toch werkt dat hormoon nog op dezelfde manier als in de oertijd. En bij stress maakt het jouw biologische klok 'wakker' op momenten waarop je eigenlijk wil slapen... Ook dan gaat je hart sneller kloppen, voel je onrust in je lichaam, ga je sneller ademen, ga je nadenken over alle opties om van de stress af te komen en kun je daardoor niet ontspannen. Als je overdag te veel stress voelt en te weinig momenten van ontspanning hebt, merk je dat effect in bed nog.

Nachtmerries kunnen dat effect weer versterken. Hoe meer negatieve emoties overdag, hoe meer nachtmerries. Het verwerken van emoties gebeurt namelijk ook tijdens je slaap. Leren ontspannen is daarom vaak een onderdeel van een slaapverbeterplan.

Heb jij stress waardoor je niet goed kunt slapen? Waar komt dat meestal door en hoe gaat jouw lichaam daarmee om?

Wat doe jij om je lichaam en geest te laten ontspannen?

Koud-warm

Zelfs de temperatuur van je slaapkamer is van invloed op je slaapritme! Als de temperatuur tijdens je slaap opeens kouder of warmer wordt, geven jouw hersenen een seintje: wakker worden! Een elektrische deken of een kachel die 's morgens vroeg aanslaat, kan ervoor zorgen dat je te vroeg wakker wordt. Of als je raam wagenwijd openstaat en er een koude storm voorbijtrekt 's nachts. Je kamer koelt af en je wordt wakker.

Eerder is al gezegd dat je lichaamstemperatuur verandert als je slaperig wordt. Je lichaam wordt (iets) kouder. Dat helpt je biologische klok weer een beetje. Maar als je 's avonds laat nog heel actief gaat sporten, wordt je lichaam juist warmer. En dat helpt weer niet om slaperig te worden. Overdag of op de vroege avond sporten is juist wel weer heel goed om beter te slapen. Je verbruikt dan energie, waardoor je moe wordt. Door het zweten en het weer afkoelen van je huid, regel je ook weer een slaperig gevoel in je hersenen. Het duurt alleen best lang voordat je weer helemaal bent afgekoeld en dus kun je beter niet vlak voor het slapen nog sporten.

Wat wel kan helpen vlak voor het slapen? Een voetenbad of warme douche. Daarna koelt je huid af, doordat de lucht kouder is dan het warme water, en dat is precies wat de biologische klok fijn vindt in de slaperig-worden-fase. Sommige mensen slapen beter als ze vroeg in de avond douchen, anderen hebben juist voordeel van een late douche.

Hoe is dat bij jou? Hoe is de temperatuur in je kamer en in jouw lichaam geregeld?

Cafeïne, alcohol en andere drugs

Middelengebruik kan ook van invloed zijn op je slaapritme: cola, koffie, energiedrankjes, alcohol en drugs zorgen voor een totaal ontregelde biologische klok. Waarschijnlijk weet je wel dat cafeïne (cola, koffie, energiedrank) ervoor zorgt dat je je alerter of wakkerder voelt. Dat komt omdat cafeïne als een soort pepmiddel werkt; het pept je op en het kan best een tijd duren voordat het effect ervan helemaal verdwenen is. Maar wist je ook dat cafeïne in chocolade en thee zit?

Tabel 2.1 Hoeveel cafeïne zit erin wat ik eet en drink? Bron: www.voedingscentrum.nl			
product	mg cafeïne per 100 ml of per 100 g	portiegrootte	mg cafeïne per portie
koffie - filter	70	kopje 125 ml	85
koffie - instant	50	kopje 125 ml	60
koffie - espresso	130	kopje 50 ml	65
decaf	2,5	kopje 125 ml	3
thee (zwart, groen)	25	kopje 125 ml	30
cola	10	glas 180 ml	18
ijsthee	9	glas 180 ml	16
energiedrank	30	blikje 250 ml	80
energieshot	135	blikje 60 ml	80
chocolademelk	2	beker 180 ml	4
pure chocolade	40	30 g, dat is 1/3 reep*	14
melkchocolade	20	30 g, dat is 1/3 reep*	6

* Een normale reep is 100 g en een grote reep is 200 g.

Het is niet handig om vlak voor het slapen gaan nog iets te eten of drinken waarin cafeïne zit. Overigens zijn er ook mensen die prima slapen na een kan koffie in de avond, dus ook hier verschilt het effect per persoon.

Eet of drink jij 's avonds nog dingen waar cafeïne in zit? En wat merk je daarvan?

Bij alcohol- en drugsgebruik is er een gekke samenwerking met slaap. Veel jongeren (en volwassenen) drinken graag alcohol of gebruiken wiet, nicotine of hasj om te ontspannen. Je zou denken dat je daardoor ook beter kunt slapen, omdat je dan minder spanning voelt. Dat klopt ook vaak bij het inslapen. Je valt meestal sneller in slaap door drank. Alleen is uit onderzoek gebleken dat je binnen een paar uur weer wakker wordt en de rest van de nacht veel onrustiger slaapt dan zonder alcohol in je bloed: je slaapt dus veel minder effectief. 's Morgens voel je je daardoor vaak toch weer erg moe. Helemaal als je ook nog een kater hebt natuurlijk. Je gaat dan waarschijnlijk ongezonde dingen eten om je een beetje beter te voelen en komt de dag hangend door. Tegen de tijd dat je daar dan weer een beetje van bijgekomen bent, is het eigenlijk alweer bedtijd. Je voelt je dan net weer wat fijner en dan wil je liever iets leuks doen in plaats van slapen. Je biologische klok is dan totaal ontregeld.

Hetzelfde geldt voor drugsgebruik. Door bijvoorbeeld wiet kun je je meer ontspannen voelen en beter inslapen, maar ook daarbij slaap je vervolgens minder diep en minder goed door. Daarnaast is ook bekend geworden dat veel en lang wiet of hasj gebruiken kan zorgen voor een sombere stemming. Door een sombere stemming gaan mensen meer piekeren en ook slechter slapen. Ook andere drugssoorten hebben effect op je slaapritme. Zoek ze maar eens op.

Hoe is dat bij jou? Gebruik je alcohol of drugs om beter in slaap te vallen? Welke middelen gebruik je dan? En wat voor effect merk jij in de nacht en ochtend? Of gebruik je het niet om beter te slapen, maar om andere redenen? Welk effect heeft het dan op jouw slaapritme?

___

Tijdverschillen

Het twee keer per jaar verzetten van de klok van zomertijd naar wintertijd en andersom zorgt vaak ook voor een verstoring van de biologische klok. Uit onderzoek blijkt dat vooral late slapers (de meeste jongeren dus) vier weken later nog steeds last hebben van die verschoven klok en daardoor slechter slapen. Het duurt dus best lang voordat jouw biologische klok zich aangepast heeft aan die verschuiving! Hetzelfde gebeurt als je ver weg vliegt in de vakantie; door een jetlag kan jouw biologische klok ook helemaal in de war raken.

Merk jij ook dat slapen lastiger is als de tijd verschoven is? Heb je dat meer bij de zomertijd of meer bij de wintertijd? En wat merk je dan precies? En bij een jetlag?

___

Beeldscherm

Hoe zit dat nu precies met beeldschermen? Zorgen ze er echt voor dat je slechter slaapt? Daar is al veel onderzoek naar gedaan en de conclusies van die onderzoeken veranderen soms. Zo werd gedacht dat het zogenaamde blauwe licht van een beeldscherm ervoor zorgt dat je biologische klok in de war raakt. Als je aan het eind van een dag nog achter een beeldscherm zit, zoals televisie, laptop, telefoon of tablet, straalt daar blauw licht vanaf. In paragraaf 2.4 is al beschreven dat de biologische klok zich aanpast aan het licht worden 's morgens en het donker worden 's avonds. Onderzoekers dachten dat je hersenen door dat blauwe licht een ander seintje binnenkregen, te weten: het is nog lang geen avond. En daardoor zou je lichaam actiever blijven dan zou moeten, waardoor je de volgende dag heel erg moe bent. Er is niet voor niets een nachtoptie op de meeste telefoons en tablets gekomen. Het gele licht zou minder effect hebben op de biologische klok.

Inmiddels is bekend dat het niet zo zeer gaat om het effect van het licht zelf, maar meer om de talrijke prikkels die vanaf beeldschermen binnenkomen. Je hersenen blijven daardoor wakker om die informatie te verwerken. Op de bank hangen en televisiekijken is minder ontspannend dan je denkt: je hersenen zijn dan nog zeer actief. In bed op je telefoon communiceren met anderen is eigenlijk nog slaapverstorender. Je hersenen zijn dan nog actiever informatie aan het verwerken (sociaal bezig zijn vraagt om veel activiteit) en je koppelt wakker zijn aan in je bed liggen. Daardoor raken je hersenen nog meer in de war. Eigenlijk gaat je lichaam langzaam richting de slaapstand vanaf het begin van de avond en dit proces wordt dan uitgesteld, waardoor je pas later slaperig wordt. Daardoor kun je langer wakker liggen met nog actieve hersenen, die dan weer lekker kunnen gaan piekeren, waardoor je nog moeilijker in slaap valt.

Hoe ziet jouw beeldschermgedrag er in de avonden uit? Beschrijf het zo precies mogelijk, dat maakt de volgende hoofdstukken weer makkelijker.

_____
_____
_____
_____
_____

Psychische problemen

Ten slotte zijn er psychische problemen die van invloed zijn op slapen. Uit onderzoek is gebleken dat meer dan de helft van de mensen met ADHD ook slaapproblemen heeft. Bij mensen met autisme is dat ongeveer de helft. Bij mensen met depressies worden ook heel veel slaapproblemen gezien, vaak door piekeren, waarbij de depressie en de slaapproblemen elkaar versterken. Hetzelfde geldt voor angsten. Eigenlijk zijn er dus best veel psychische problemen die effect hebben op het slapen of zelfs een onderdeel zijn van het slaapprobleem.

Heb jij een psychisch probleem dat van invloed is op je slapen of andersom?
Wat merk jij daarvan?

_____
_____
_____
_____

Zijn er in dit hoofdstuk nog onderwerpen voorbij gekomen die nog niet in jouw voor- en- nadelentabel stonden, maar die er eigenlijk wel bij moeten? Vul de tabel dan aan en bespreek of dat gevolgen heeft voor de volgende stap.

Thuisopdracht

In het volgende hoofdstuk ga je verder onderzoeken hoe jouw slaappatroon er nu eigenlijk echt uitziet. Daarvoor is het belangrijk dat je zo veel mogelijk informatie hebt over jouw slaap en hoe het gaat als je wakker bent. Het is vaak lastig om precies te onthouden hoe je elke nacht (niet) slaapt. Soms denken mensen dat ze heel slecht slapen, terwijl dat eigenlijk wel meevalt of juist andersom: mensen denken dat ze goed slapen, terwijl dat in werkelijkheid tegenvalt. Om erachter te komen hoe het precies zit, kun je een dagboek bijhouden waarin je dat elke ochtend kunt vastleggen. Dan zit de informatie nog vers in je hoofd en weet je nog hoe je nacht is geweest. Door dat bij te houden krijg je meer informatie over jouw slaap en dat kan helpen om een plan te maken om je slaap te verbeteren.

Omdat slapen ook beïnvloed wordt door wat je overdag doet, helpt het om daarnaast bij te houden wat je overdag allemaal gedaan hebt. Op die manier heb je de meeste informatie en kun je jouw plan het best afstemmen op wat jij nodig hebt!

Bespreek met jouw trainer of het handig is om een dagboek bij te houden. Bedenk samen hoe je dat wilt gaan doen. Figuur 2.6 is een voorbeeld van een slaapdagboek. Je kunt met verschillende kleuren of coderingen bijhouden hoe je dag-/nachtritme was. Bijvoorbeeld: blauw = slapen, paars = wakker liggen in bed, oranje = school, groen = lekker wakker, bruin = moe wakker, enzovoort. In de bijlage staan voorbeelden van dagboeken die je kunt invullen, maar er zijn ook apps en polsbandjes die je kunt gebruiken om je slaapritme bij te houden.

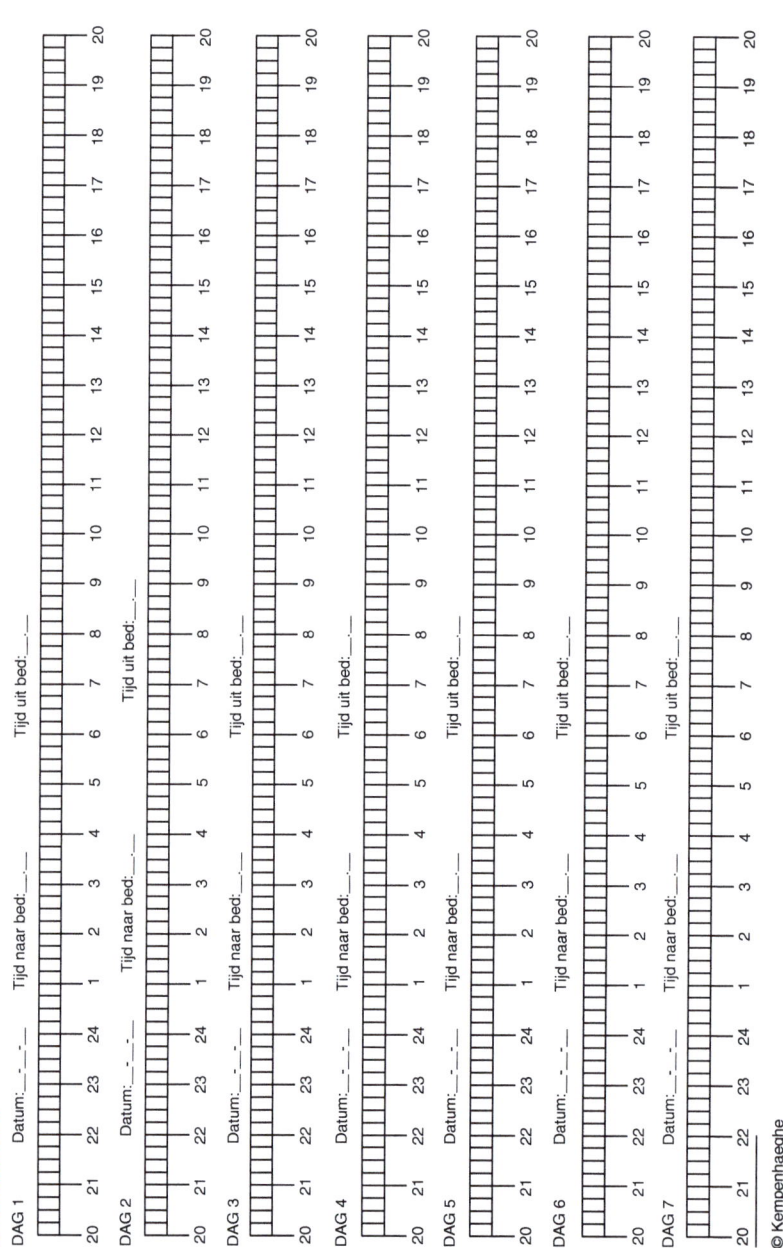

Figuur 2.6 Voorbeeld van een slaapdagboek (bron: Kempenhaeghe)

3 Onderzoek hoe je nu eigenlijk slaapt

Als je hoofdstuk 1 en 2 inmiddels afgerond hebt, hebben jij en je trainer waarschijnlijk al een beetje een idee welke dingen je kunt veranderen om beter te gaan slapen. Misschien ben je zelfs al begonnen om dingen te veranderen!
Zo niet, geen probleem. Het is nu de tijd om echt te gaan onderzoeken hoe jij op dit moment slaapt. Pas als je precies weet waar het mis gaat, kun je een goed actieplan maken op die punten!
Is het gelukt om de thuisopdracht te maken zoals jullie het hadden voorbesproken in hoofdstuk 2? Bespreek samen wat er uit het dagboek naar voren komt.

3.1 Beginnen met een onderzoek

De eerste opdracht is bedoeld om heel duidelijk te krijgen wat je nu precies allemaal *doet* als je eigenlijk wilt gaan slapen. Wat je doet, helpt blijkbaar niet om goed te slapen, maar toch blijf je het zo doen. Dat komt omdat het waarschijnlijk ook voordelen heeft. Het helpt als je weet welke voordelen voor jou belangrijk zijn, zodat je in je nieuwe plan ervoor kunt zorgen dat die voordelen blijven bestaan.
Vul in de onderstaande tabel in wat jij allemaal doet als je eigenlijk wilt gaan slapen. Bijvoorbeeld: nog alle berichten checken op mijn telefoon, een game spelen, piekeren, mijn kamer opruimen, in bed Netflix kijken. Kies vervolgens één ding uit en schrijf alle voor- en nadelen van dit gedrag op.

Wat doe ik allemaal als ik wil gaan slapen?	

Ik wil de voor- en nadelen onderzoeken van:	
voordelen	nadelen

Wat heb je ontdekt over jouw gedrag?

3.2
Een eerste stap?

Heb je door hoofdstuk 2 al ontdekt welke punten je zou kunnen gaan veranderen? Schrijf ze dan hieronder kort op. Je kunt ook overwegen om er doelen van te maken die jij wilt behalen. Als je dat wilt, kun je terugbladeren naar hoofdstuk 1 en ze bij je doelen zetten.

1.

2.

3.

4.

5.

Bespreek met je trainer of het al handig is om enkele van deze dingen te doen en hoe je dat precies gaat doen. Je trainer kan goed meedenken over de haalbaarheid van je plannen: zijn ze nu al haalbaar, of is er nog een tussenstapje nodig? Maar soms moet je gewoon eerst iets uitproberen om te ontdekken of een tussenstap beter is. Dat is ook nuttig! Je kunt in paragraaf 4.3 opschrijven hoe je het precies wilt gaan aanpakken.

3.3
Tijdlijn

De eerste stap in het onderzoek naar jouw slaap is om samen met je trainer een tijdlijn te maken van jouw leven. In die tijdlijn komen de belangrijke gebeurtenissen en veranderingen te staan, en alle informatie waarvan jullie denken dat die van invloed is geweest op jouw slaap. Ten slotte kun je met een kleur of een figuurtje aangeven welke periodes je goed sliep en welke periodes niet. In figuur 3.1 zie je een voorbeeld van zo'n tijdlijn. Je kunt ook een onderscheid maken tussen een beetje slecht slapen en heel slecht slapen. Bespreek met jouw trainer hoe jullie dit gaan aanpakken en maak de tijdlijn in het blauwe kader op bladzijde 38. Het is handig om het boek te draaien zodat je meer ruimte hebt.

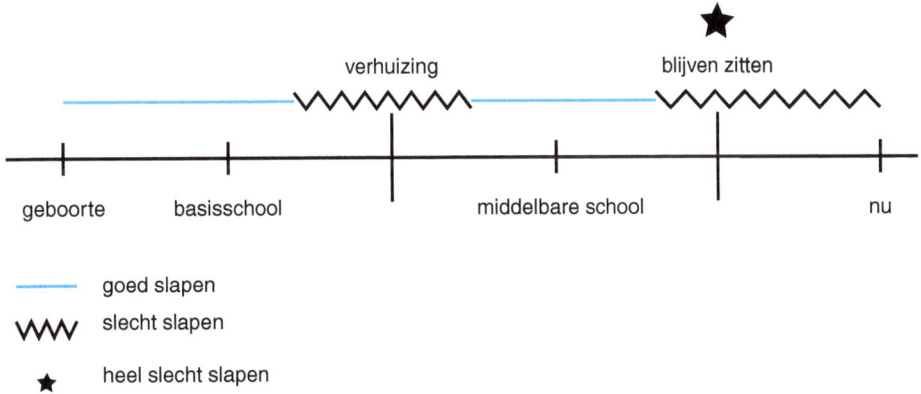

Figuur 3.1 Voorbeeld van een tijdlijn

Kijk nu samen naar je tijdlijn. Valt er iets op? Zijn er verbanden zichtbaar tussen bijvoorbeeld gebeurtenissen en slechte slaapperiodes? Hoe kwam het dat je toen slechter sliep denk je? Wat kunnen jij en je trainer met deze kennis doen?

En in de periodes dat je wel goed sliep: hoe kreeg je dat toen voor elkaar? Wat deed jij toen anders dan nu? Zit er iets bij wat je nu ook weer kunt gaan uitproberen?

3.4
Heb je zorgen rondom slapen?

Nu je meer zicht hebt op wat er allemaal in jouw leven gebeurd is en of dat invloed heeft gehad op jouw slapen, is het belangrijk om uit te zoeken of er nog meer zorgen zijn rondom jouw slapen. In paragraaf 3.1 heb je ontdekt welke voordelen er zijn aan jouw slaapgedrag. Hieronder ga je onderzoeken hoe het komt dat het zo lastig is om dit gedrag te veranderen als je er vervelende gevoelens bij hebt. Veel jongeren piekeren over het slapen en dat helpt niet om in slaap te vallen. Hoe zit dat bij jou? Kies welke situatie jij wilt uitpluizen.

Situatie: ik wil naar bed gaan / ik lig in bed / .....

Gedachten:

_____
_____
_____
_____
_____

Gevoel: angst / spanning / stress / verdriet / frustratie / irritatie / .....

Gevolg: ik kan niet slapen / .....

Wat heb je ontdekt over jouw gedachten?

_____
_____
_____

Is er een plan nodig om hiermee aan de slag te gaan? Zo ja; bespreek met je trainer wat er nodig is en wanneer en hoe dat zou kunnen plaatsvinden.

Mijn plan:

_____
_____
_____

3.5
Onderzoek naar jouw slaap-waakritme

Bekijk de volgende lijst met onderwerpen om te onderzoeken en bespreek hoe dat bij jou zit. Je hebt dan meteen een goede samenvatting van waar je aan kunt werken. Je kunt een aantal dingen overnemen uit jouw antwoorden in hoofdstuk 2. Maar ook als je nog geen punten hebt, kun je samen met je trainer bespreken hoe de volgende onderwerpen bij jou gaan. In de laatste rijen kun je de onderwerpen invullen die je in dit hoofdstuk hebt opgeschreven en die nog niet in de tabel staan. Het is best veel, dus ga ervan uit dat je het niet in één gesprek af krijgt.

Je kunt na het bespreken van een onderwerp een vinkje of kruisje zetten in de kolommen ernaast.

1. Kolom voldoende informatie! Je mag een kruisje zetten als jij en je trainer duidelijk zicht hebben op hoe dat onderwerp een plaats heeft in jouw leven.

   Of:

   Kolom onderzoek nodig? Je mag een kruisje zetten als jij of je trainer nog informatie nodig hebben en dat willen onderzoeken.

2. Kolom perfecte aanpak! Als je al voldoende informatie denkt te hebben en jij en je trainer hebben het idee dat jouw aanpak perfect is, kun je hier een kruisje zetten.

Of:

Kolom plan nodig? In deze kolom kun je een kruisje zetten als je al voldoende informatie hebt over hoe het gaat en jij en je trainer denken dat er een plan nodig is om dit aan te pakken.

	voldoende informatie!	onderzoek nodig?		perfecte aanpak!	plan nodig?
activiteiten overdag					
ontspanning overdag					
sport overdag					
buitenlucht overdag					
temperatuur van je kamer					
hoeveelheid daglicht					
hoeveelheid avondlicht					
eetgedrag in de avond					
beeldschermgedrag					
stressniveau overdag					
stressniveau in de avond					
piekeren in bed					
alcohol- en drugsgebruik					
psychische problemen					
naar-bed-gaan-tijd					
in-slaap-val-tijd					
wakker in bed liggen					
aanpak als ik wakker lig					
hoe vaak ik wakker word					
nachtmerries					
slaperigheidmomenten					
hoeveelheid uren slaap					

	voldoende informatie!	onderzoek nodig?		perfecte aanpak!	plan nodig?
opsta-tijd					
regelmaat in slaaptijden					
dutjes overdag					
effect van slaaptekort					
slaapbehoefte					
slaapverstoorders					
slaapmedicatie					
anders, namelijk...					
anders, namelijk...					
anders, namelijk...					
anders, namelijk...					

Waarschijnlijk staan er op verschillende plekken kruizen. Met voldoende informatie en een goede aanpak, hoef je aan die onderwerpen dus niets te veranderen.

3.6
Meer onderzoek nodig?

Zijn er onderwerpen die een plan nodig hebben en waar je al voldoende informatie over hebt? Neem die dan mee naar hoofdstuk 4.

Als er nog onderwerpen onderzocht moeten worden, mag je met je trainer nadenken over hoe je dat gaat onderzoeken. Begin met de belangrijkste onderwerpen en probeer een haalbaar onderzoek te bedenken. Als je ertegen opziet, is het handig te bedenken hoe het makkelijker kan worden: kleiner, minder, hulp vragen of tussenstapjes bedenken, zodat je meer kans van slagen hebt. Voor het bijhouden van informatie zijn er ook allerlei apps die je kunnen helpen!

Onderzoek 1

Wat wil ik precies gaan onderzoeken?

Hoe kom ik aan die informatie?

Heb ik daar iets voor nodig?

Hoe ga ik dat regelen?

Hoe onthoud ik dat ik dat ga doen?

Hoe ga ik de informatie verzamelen/meenemen de volgende keer?

Onderzoek 2

Wat wil ik precies gaan onderzoeken?

Hoe kom ik aan die informatie?

Heb ik daar iets voor nodig?

Hoe ga ik dat regelen?

Hoe onthoud ik dat ik dat ga doen?

Hoe ga ik de informatie verzamelen/meenemen de volgende keer?

Onderzoek 3

Wat wil ik precies gaan onderzoeken?

Hoe kom ik aan die informatie?

Heb ik daar iets voor nodig?

Hoe ga ik dat regelen?

Hoe onthoud ik dat ik dat ga doen?

Hoe ga ik de informatie verzamelen/meenemen de volgende keer?

Onderzoek 4

Wat wil ik precies gaan onderzoeken?

Hoe kom ik aan die informatie?

Heb ik daar iets voor nodig?

Hoe ga ik dat regelen?

Hoe onthoud ik dat ik dat ga doen?

Hoe ga ik de informatie verzamelen/meenemen de volgende keer?

Onderzoek 5

Wat wil ik precies gaan onderzoeken?

Hoe kom ik aan die informatie?

Heb ik daar iets voor nodig?

Hoe ga ik dat regelen?

Hoe onthoud ik dat ik dat ga doen?

Hoe ga ik de informatie verzamelen/meenemen de volgende keer?

In bijlage 3 zijn nog meer onderzoeksformulieren te vinden, voor als je nog meer dingen wilt onderzoeken bij jezelf!

4 Uitproberen maar: experimenteren!

In dit hoofdstuk ga je experimenteren met verschillende plannen die kunnen helpen beter te slapen. Enkele plannen zijn uit de eerdere hoofdstukken al naar voren gekomen en kun je direct uitwerken. Over sommige plannen kun je nog nadenken: wat hebben de onderzoeken opgeleverd aan informatie? Kun je daar iets mee? Ook jouw trainer kan experimenten aandragen. Er is immers al behoorlijk veel uitgeprobeerd door veel mensen en die kennis heeft een trainer vaak ook.

4.1 Experimenteren met nieuw gedrag

Het is goed om te weten dat hersenen niet houden van gedragsveranderingen. Nieuw gedrag moet je vaak meer dan honderd keer uitproberen voordat het een beetje eigen en vertrouwd voelt. Tot die tijd blijft het anders voelen dan normaal en ben je dus actief bezig om iets nieuws uit te proberen.

Dus als je een plan gaat uitproberen, bestaat de kans dat het niet in één keer helemaal lukt. Dan kun je het nog een keer proberen natuurlijk (zie hoofdstuk 5), maar het kan ook zijn dat het plan niet zo goed bij je past als je dacht en dat je het wat moet bijschaven. Het betekent sowieso dat je veel zult gaan uitproberen. Experimenteren dus!

Van elk experiment leer je iets. Als een plan niet volgens je verwachting is verlopen, kun je onderzoeken hoe dat komt. Dat levert nieuwe kennis en informatie op, waarmee je weer een nieuw experiment kunt bedenken. Op deze manier kan er eigenlijk nooit een plan echt mislukken, want elk experiment levert op zijn minst een verbeterplan op!

Wat heb je al voor plannen bedacht? Er zijn vijf momenten geweest in dit werkboek waarop plannen naar voren kunnen zijn gekomen.

1. Bekijk of je in paragraaf 1.5 al een plan hebt opgeschreven waarmee je aan de slag wilt.
2. Blader terug naar paragraaf 3.2, waar je al genoteerd hebt wat je wilde veranderen.
3. In paragraaf 3.3 kun je al een nuttig plan hebben bedacht na het maken van de tijdlijn.
4. In paragraaf 3.4 heb je mogelijk een plan om minder te piekeren bedacht.
5. Kijk in de tabel van paragraaf 3.5 waarin je hebt genoteerd welke onderwerpen een plan nodig hebben.
6. Tijdens de onderzoeken in paragraaf 3.6 kunnen ook ideeën voor experimenten bij je op zijn gekomen.

Verzamel alle plannen die je wilt gaan uitproberen en bedenk welke je als eerste wilt gaan uitproberen. Als het er heel veel zijn, is het handig om een lijst te maken met alle plannen/experimenten die je al bedacht hebt. Misschien kun je er een aantal combineren? Bespreek samen met jouw trainer welke experimenten je als eerste wilt gaan uitwerken. Daarbij kunnen je overwegingen bijvoorbeeld zijn: welke experimenten hebben een goede kans van slagen en welke zouden het meeste opleveren? Werk vervolgens de belangrijkste experimenten uit op de volgende bladzijden.

4.2
Een goed experiment opzetten

Probeer jouw plan/experiment zo concreet mogelijk op te schrijven en zo makkelijk mogelijk te maken. Waarom? Dan onthoud je beter wat je gaat uitproberen, is de kans van slagen groter en kun je ook beter bijhouden welke nieuwe informatie je hebt ontdekt. Ten slotte kan jouw trainer zo ook beter in de gaten houden wat er nog ontbreekt in het experiment en aanpassingen bedenken als er iets anders nodig blijkt.

Experiment 1

Welk doel wil ik behalen?

_____

_____

Mogelijke oplossingen om dit doel te bereiken:

1. _____

2. _____

3. _____

4. _____
5. _____
6. _____
7. _____
8. _____

Geef met een markering aan welke jouw drie favoriete oplossingen zijn.

Welke oplossing ga ik uitproberen?

_____

Hoe ga ik dat doen?

_____
_____
_____
_____

Welke valkuilen verwacht ik? Welke dingen maken het moeilijker om het plan uit te proberen en vol te houden?

_____
_____
_____
_____

Hoe los ik dat op?

_____
_____
_____
_____

Wil ik het experiment nog steeds uitproberen?   JA / NEE

Zo ja, hoe lang wil ik dit uitproberen? (*Zorg ervoor dat je voldoende kansen krijgt om informatie te verzamelen over de werking van dit plan.*)

_____

Na afloop: Wat heeft het plan opgeleverd aan informatie?

_____
_____
_____
_____

Moet het experiment worden aangepast? Zo ja, hoe?

Experiment 2

Welk doel wil ik behalen?

Mogelijke oplossingen om dit doel te bereiken:

1.
2.
3.
4.
5.
6.
7.
8.

Geef met een markering aan welke jouw drie favoriete oplossingen zijn.

Welke ga ik uitproberen?

Hoe ga ik dat doen?

Welke valkuilen verwacht ik? Welke dingen maken het moeilijker om het plan uit te proberen en vol te houden?

Hoe los ik dat op?

Wil ik het experiment nog steeds uitproberen?   JA / NEE

Zo ja, hoe lang wil ik dit uitproberen? (*Zorg ervoor dat je voldoende kansen krijgt om informatie te verzamelen over dit plan.*)

Wat heeft het plan opgeleverd aan informatie?

Moet het experiment worden aangepast? Zo ja, hoe?

Experiment 3

Welk doel wil ik behalen?

Mogelijke oplossingen om dit doel te bereiken:

1.
2.
3.
4.
5.
6.
7.
8.

Geef met een markering aan welke jouw drie favoriete oplossingen zijn.

Welke ga ik uitproberen?

Hoe ga ik dat doen?

Welke valkuilen verwacht ik? Welke dingen maken het moeilijker om het plan uit te proberen en vol te houden?

Hoe los ik dat op?

Wil ik het experiment nog steeds uitproberen?   JA / NEE

Zo ja, hoe lang wil ik dit uitproberen? (*Zorg ervoor dat je voldoende kansen krijgt om informatie te verzamelen over dit plan.*)

Wat heeft het plan opgeleverd aan informatie?

Moet het experiment worden aangepast? Zo ja, hoe?

Experiment 4

Welk doel wil ik behalen?

Mogelijke oplossingen om dit doel te bereiken:

1.
2.
3.
4.
5.
6.
7.
8.

Geef met een markering aan welke jouw drie favoriete oplossingen zijn.

Welke ga ik uitproberen?

Hoe ga ik dat doen?

Welke valkuilen verwacht ik? Welke dingen maken het moeilijker om het plan uit te proberen en vol te houden?

Hoe los ik dat op?

Wil ik het experiment nog steeds uitproberen?   JA / NEE

Zo ja, hoe lang wil ik dit uitproberen? (*Zorg ervoor dat je voldoende kansen krijgt om informatie te verzamelen over dit plan.*)

Wat heeft het plan opgeleverd aan informatie?

Moet het experiment worden aangepast? Zo ja, hoe?

Experiment 5

Welk doel wil ik behalen?
_____
_____

Mogelijke oplossingen om dit doel te bereiken:

1. _____
2. _____
3. _____
4. _____
5. _____
6. _____
7. _____
8. _____

Geef met een markering aan welke jouw drie favoriete oplossingen zijn.

Welke ga ik uitproberen?

Hoe ga ik dat doen?

Welke valkuilen verwacht ik? Welke dingen maken het moeilijker om het plan uit te proberen en vol te houden?

Hoe los ik dat op?

Wil ik het experiment nog steeds uitproberen?   JA / NEE

Zo ja, hoe lang wil ik dit uitproberen? (*Zorg ervoor dat je voldoende kansen krijgt om informatie te verzamelen over dit plan.*)

Wat heeft het plan opgeleverd aan informatie?

Moet het experiment worden aangepast? Zo ja, hoe?

In bijlage 5 staan nog meer formulieren die je kunt invullen als je nog meer experimenten nodig hebt!

5 Huh? Waarom gaat het opeens weer zo moeilijk?

Het feit dat je nu aan dit hoofdstuk bent begonnen, betekent dat jouw slapen nu een stuk beter gaat en je eraan toe bent om na te denken hoe je dit vol gaat houden! Wat goed dat het je gelukt is om je slaapgedrag te veranderen. Daar mag je best trots op zijn, want het is voor mensen heel erg moeilijk om hun gedrag te veranderen.

5.1 Evaluatie

Wat is er allemaal veranderd door de experimenten die je hebt uitgevoerd? Hoe ziet je slaap-waakritme er nu uit in vergelijking met toen je aan dit werkboek begon? Wat gaat er beter? Lees jouw doelen uit hoofdstuk 1 nog eens terug en beschrijf het verschil met nu.

_____
_____
_____
_____
_____
_____
_____

Het is belangrijk om te weten dat mensen niet van verandering houden en dat nieuw gedrag volhouden daarom ook nog een hele uitdaging is. Als je al heel lang slecht sliep en het gaat nu een tijdje goed, is er nog steeds een kans dat jouw lijf weer terug wil naar het oude patroon. Zeker als er ook voordelen aan dat oude patroon zitten (zie de allereerste voor-en- nadelentabel die je hebt ingevuld). Daardoor kan het gebeuren dat je opeens denkt: Huh? Waarom gaat het weer zo moeilijk? Heel vaak sluipt dat oude patroon er langzaam weer in, zonder dat je het door hebt. Totdat het 'te laat' is en je weer helemaal in je oude patroon zit...

Uit onderzoek is gebleken dat het helpt als je van tevoren nadenkt over de kansen dat je weer terugvalt in je oude patroon en daar alvast een plan voor uitwerkt. Dat heet terugvalpreventie. Zo'n plan zorgt ervoor dat je niet zo diep terugvalt in je oude patroon en je je weer sneller kunt herpakken als dat toch gebeurt.

5.2
Hoe merk je dat je terugvalt?

Het is belangrijk om te ontdekken aan welke signalen je kunt merken dat jouw lijf weer naar het oude patroon terug wil. Dan kun je daar een (terugval)plan voor maken. Waar merk jij aan dat je het weer moeilijker vindt om het nieuwe slaapritme vol te houden? Denk daarbij aan jouw humeur dat veranderd is (hoe voel jij je als je moe bent?), vrienden die iets aan je merken, ouders die zich anders gedragen, jouw energieniveau, vervelende gedachten die terugkeren (welke gedachten zijn dat bij jou?), moeite om op school op te letten, moeite om op te staan enzovoort. Wat doe, denk en voel je allemaal als het moeilijker wordt?

Het is helemaal handig als je die signalen allemaal ook nog in (ongeveer) de juiste volgorde zet. Dus op nummer 1 de dingen die je als eerste zult merken als je terugvalt en onderaan de dingen die pas later gebeuren. Dat hoeft niet perfect te kloppen, maar het is makkelijk als je ongeveer weet waar je als eerste op moet gaan letten de komende tijd!

1. _____
2. _____
3. _____
4. _____
5. _____
6. _____
7. _____
8. _____

5.3
De beste plannen

Wat kun je doen en denken als je merkt dat het lastiger wordt om jouw nieuwe slaapritme vol te houden? In het terugvalplan schrijf je op welke maatregelen het beste werken om jouw nieuwe slaap-waakritme vol te houden of weer te verbeteren als dat nodig is. Blader terug naar hoofdstuk 4 om te bekijken welke experimenten het beste werkten voor jou en schrijf die hieronder op.

1. _____
2. _____
3. _____
4. _____
5. _____

5.4
Terugvalplan

Tot slot kun je in de tabel hieronder opschrijven wat je kunt doen als je merkt dat het weer lastiger wordt. Dit is het ultieme terugvalplan. Schrijf in de eerste kolom de signalen die je als eerste zult opmerken en in de tweede kolom welke plannen daar goed kunnen helpen. Er zijn extra veel rijen, omdat er ook nog plannen bij kunnen komen in de volgende paragraaf.

wat doe, denk en voel ik?	wat doe ik daaraan?

Bedenk ten slotte nog hoe je dit terugvalplan gaat onthouden!

5.5
Valkuilen

Tijdens alle experimenten ben je er als het goed is ook achter gekomen wat jouw valkuilen zijn. Valkuilen zijn de dingen die het voor jou moeilijk maken om je gedrag te veranderen of vol te houden. Als je er bijvoorbeeld moeite mee hebt om beeldschermen uit te zetten als het tijd wordt om te gaan slapen, dan is een valkuil om nog met een nieuw spel of gesprek te beginnen op een bepaald tijdstip. Of als je moeite hebt om te stoppen met piekeren, is een valkuil om 's avonds een 'moeilijk' gesprek te voeren of nog laat huiswerk te maken. Valkuilen kunnen soms overlappen met de signalen die je in de vorige paragraaf hebt opgeschreven, maar soms zijn ze ook heel anders. Signalen zijn vooral de dingen die je voelt, denkt en doet. Valkuilen zijn de problemen waar je tegenaan loopt of de dingen die je moeilijk vindt.

Welke valkuilen heb jij ontdekt de afgelopen tijd? En in welke valkuilen zou je kunnen trappen als je dit slaapplan langere tijd vol wilt gaan houden? Op welke momenten verwacht je dat het extra moeilijk zal zijn en waarom is dat?

1. ___
2. ___
3. ___
4. ___
5. ___
6. ___
7. ___

5.6
Volhouden ondanks valkuilen

Zet in de volgende tabel de verschillende valkuilen onder elkaar en bedenk samen met je trainer zoveel mogelijk oplossingen. Hoe meer oplossingen, hoe beter! Er mogen ook gekke of rare oplossingen tussen staan. Wie weet komt er daardoor weer een handige nieuwe oplossing in je op. Kruis ten slotte de oplossingen aan die je handig vindt om te onthouden en vul het terugvalplan in paragraaf 5.4 aan met de nieuwe ideeën!

valkuilen	oplossingen

Dit was het laatste hoofdstuk uit dit werkboek. Succes met het volhouden van je plannen en bespreek samen met je trainer hoe jullie nu verder gaan. Sommige jongeren vinden het handig om nog een afspraak in de toekomst te plannen om te kijken hoe het dan gaat met het slapen. Dit is een goed moment om dat te doen!

Bijlage 1
Doelen scoren

Hoe gaat het nu met je doelen? Geef elk doel een score waarvan jij denkt dat die het beste past bij hoe het nu gaat met jouw doelen.

1 = helemaal niet goed
2 = niet zo goed
3 = niet goed en niet slecht
4 = best goed
5 = heel goed

doel (schrijf je doel hier nog kort op)	score
1	
2	
3	
4	
5	
6	
totaalscore:	

doel	score
1	
2	
3	
4	
5	
6	
totaalscore:	

doel	score
1	
2	
3	
4	
5	
6	
totaalscore:	

doel	score
1	
2	
3	
4	
5	
6	
totaalscore:	

doel	score
1	
2	
3	
4	
5	
6	
totaalscore:	

doel	score
1	
2	
3	
4	
5	
6	
totaalscore:	

doel	score
1	
2	
3	
4	
5	
6	
totaalscore:	

doel	score
1	
2	
3	
4	
5	
6	
totaalscore:	

Bijlage 2
Onderzoek hoe je motivatie op dit moment is

	nadelen	voordelen
hoe ik het nu doe		
hoe ik het zou willen		

1. Hoe graag wil je veranderen?

1	2	3	4	5	6	7	8	9	10

Wat maakt dat je niet voor een … (1 cijfer lager invullen) kiest?

Hoe zou het een … (1 cijfer hoger invullen) kunnen worden?

2. Hoeveel vertrouwen heb je erin dat het je gaat lukken?

1	2	3	4	5	6	7	8	9	10

Wat maakt dat je niet voor een … (1 cijfer lager invullen) kiest?

Hoe zou het een … (1 cijfer hoger invullen) kunnen worden?

Zijn er nu al plannen ontstaan die je wilt gaan uitproberen? Zo ja, schrijf die dan hieronder op.

	nadelen	voordelen
hoe ik het nu doe		
hoe ik het zou willen		

1. Hoe graag wil je veranderen?

1	2	3	4	5	6	7	8	9	10

Wat maakt dat je niet voor een ... (1 cijfer lager invullen) kiest?

_____

Hoe zou het een ... (1 cijfer hoger invullen) kunnen worden?

_____

2. Hoeveel vertrouwen heb je erin dat het je gaat lukken?

1	2	3	4	5	6	7	8	9	10

Wat maakt dat je niet voor een ... (1 cijfer lager invullen) kiest?

_____

Hoe zou het een ... (1 cijfer hoger invullen) kunnen worden?

_____

Zijn er nu al plannen ontstaan die je wilt gaan uitproberen? Zo ja, schrijf die dan hieronder op.

_____
_____
_____
_____

	nadelen	voordelen
hoe ik het nu doe		
hoe ik het zou willen		

1. Hoe graag wil je veranderen?

1	2	3	4	5	6	7	8	9	10

Wat maakt dat je niet voor een ... (1 cijfer lager invullen) kiest?

_____

Hoe zou het een ... (1 cijfer hoger invullen) kunnen worden?

_____

2. Hoeveel vertrouwen heb je erin dat het je gaat lukken?

1	2	3	4	5	6	7	8	9	10

Wat maakt dat je niet voor een ... (1 cijfer lager invullen) kiest?

_____

Hoe zou het een ... (1 cijfer hoger invullen) kunnen worden?

_____

Zijn er nu al plannen ontstaan die je wilt gaan uitproberen? Zo ja, schrijf die dan hieronder op.

_____
_____
_____
_____

	nadelen	voordelen
hoe ik het nu doe		
hoe ik het zou willen		

1. Hoe graag wil je veranderen?

| 1 | 2 | 3 | 4 | 5 | 6 | 7 | 8 | 9 | 10 |

Wat maakt dat je niet voor een ... (1 cijfer lager invullen) kiest?

Hoe zou het een ... (1 cijfer hoger invullen) kunnen worden?

2. Hoeveel vertrouwen heb je erin dat het je gaat lukken?

| 1 | 2 | 3 | 4 | 5 | 6 | 7 | 8 | 9 | 10 |

Wat maakt dat je niet voor een ... (1 cijfer lager invullen) kiest?

Hoe zou het een ... (1 cijfer hoger invullen) kunnen worden?

Zijn er nu al plannen ontstaan die je wilt gaan uitproberen? Zo ja, schrijf die dan hieronder op.

	nadelen	voordelen
hoe ik het nu doe		
hoe ik het zou willen		

1. Hoe graag wil je veranderen?

1	2	3	4	5	6	7	8	9	10

Wat maakt dat je niet voor een … (1 cijfer lager invullen) kiest?

_____

Hoe zou het een … (1 cijfer hoger invullen) kunnen worden?

_____

2. Hoeveel vertrouwen heb je erin dat het je gaat lukken?

1	2	3	4	5	6	7	8	9	10

Wat maakt dat je niet voor een … (1 cijfer lager invullen) kiest?

_____

Hoe zou het een … (1 cijfer hoger invullen) kunnen worden?

_____

Zijn er nu al plannen ontstaan die je wilt gaan uitproberen? Zo ja, schrijf die dan hieronder op.

_____
_____
_____
_____

Bijlage 3
Slaapdagboekformulieren

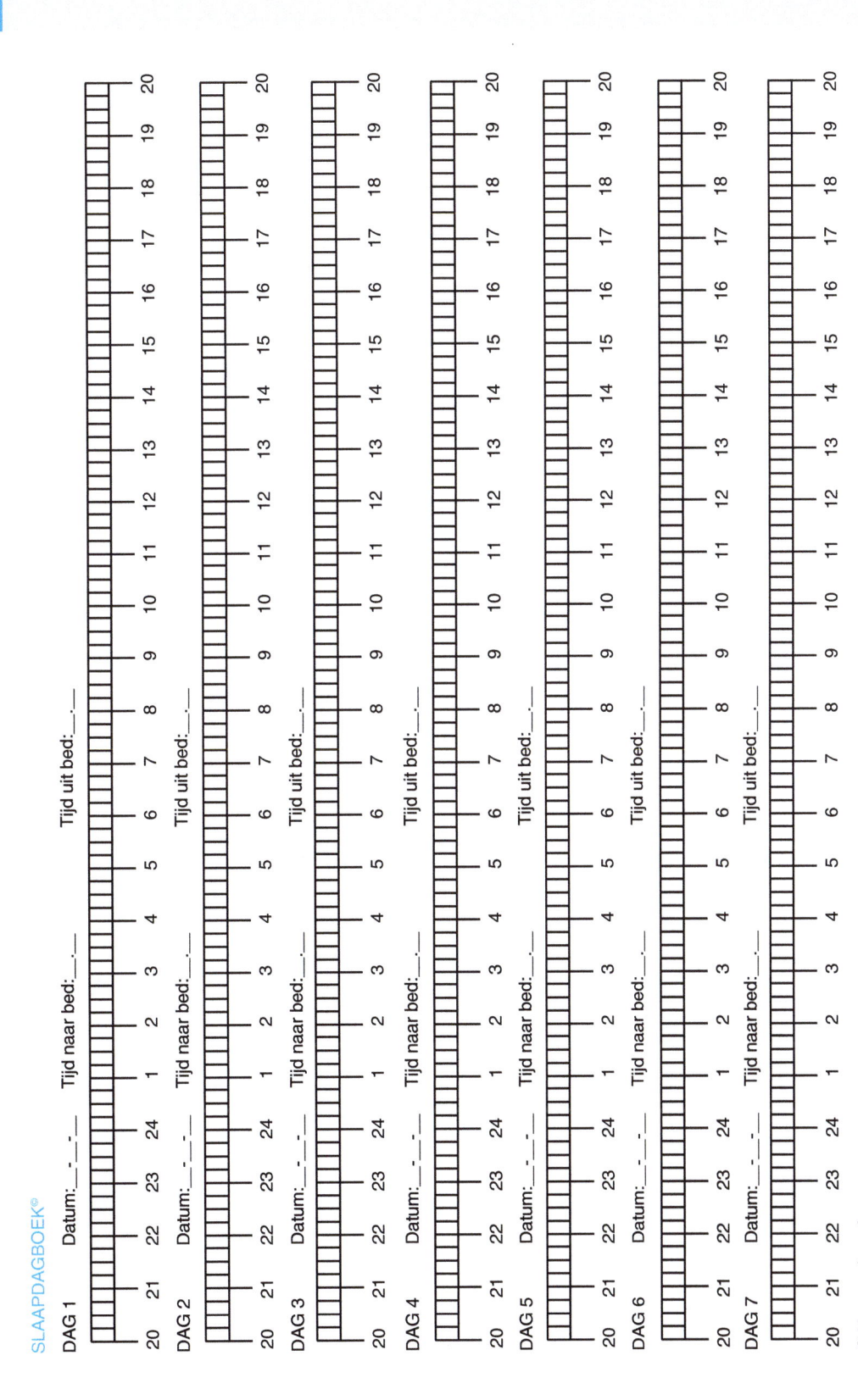

80 MIJN SLAAP PLAN

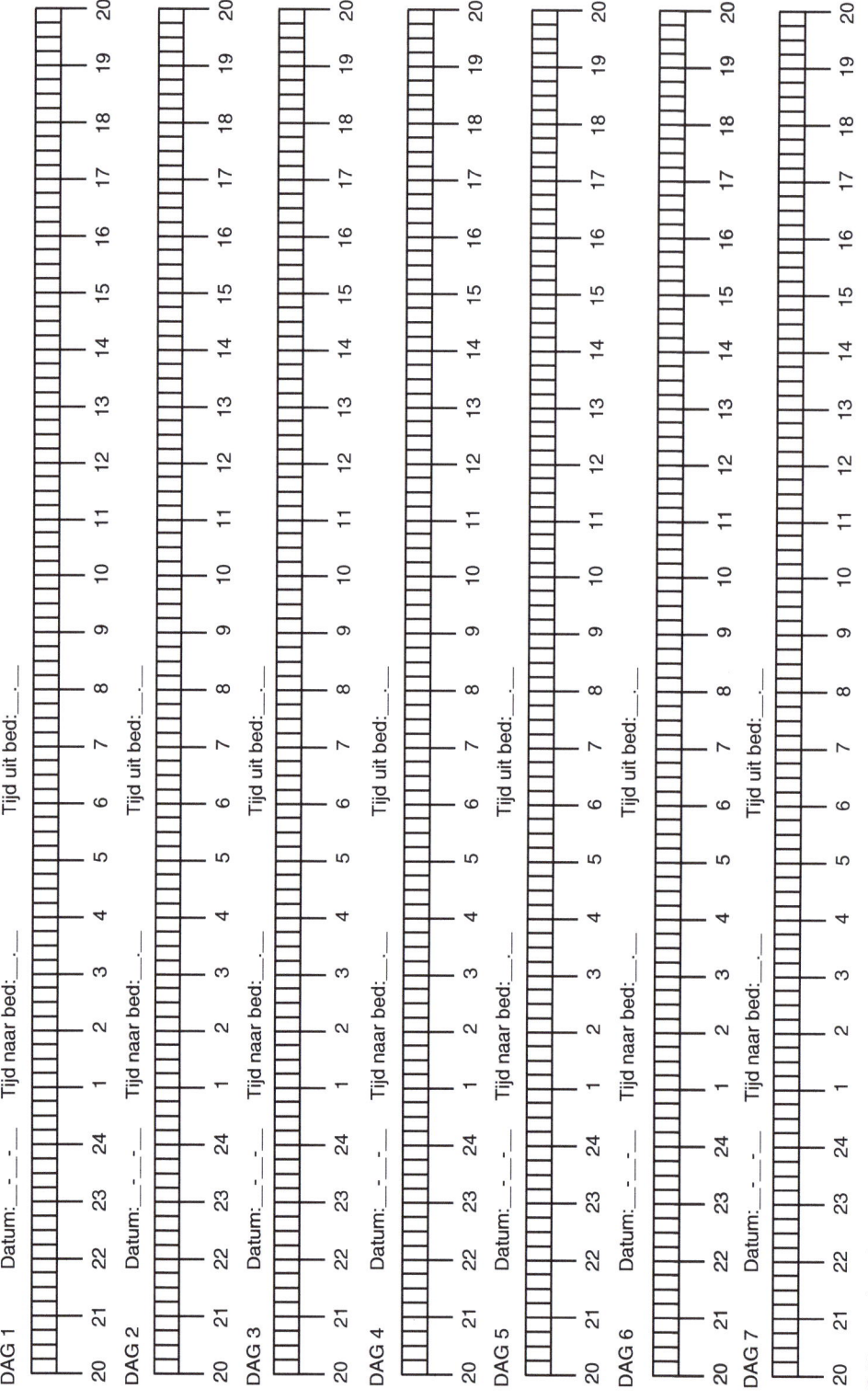

SLAAPDAGBOEK©

BIJLAGE 3 SLAAPDAGBOEKFORMULIEREN

SLAAPDAGBOEK©

DAG 1 Datum:_ _/_ _/_ _   Tijd naar bed:_ _:_ _   Tijd uit bed:_ _:_ _

DAG 2 Datum:_ _/_ _/_ _   Tijd naar bed:_ _:_ _   Tijd uit bed:_ _:_ _

DAG 3 Datum:_ _/_ _/_ _   Tijd naar bed:_ _:_ _   Tijd uit bed:_ _:_ _

DAG 4 Datum:_ _/_ _/_ _   Tijd naar bed:_ _:_ _   Tijd uit bed:_ _:_ _

DAG 5 Datum:_ _/_ _/_ _   Tijd naar bed:_ _:_ _   Tijd uit bed:_ _:_ _

DAG 6 Datum:_ _/_ _/_ _   Tijd naar bed:_ _:_ _   Tijd uit bed:_ _:_ _

DAG 7 Datum:_ _/_ _/_ _   Tijd naar bed:_ _:_ _   Tijd uit bed:_ _:_ _

© Kempenhaeghe

MIJN SLAAP PLAN

SLAAPDAGBOEK©

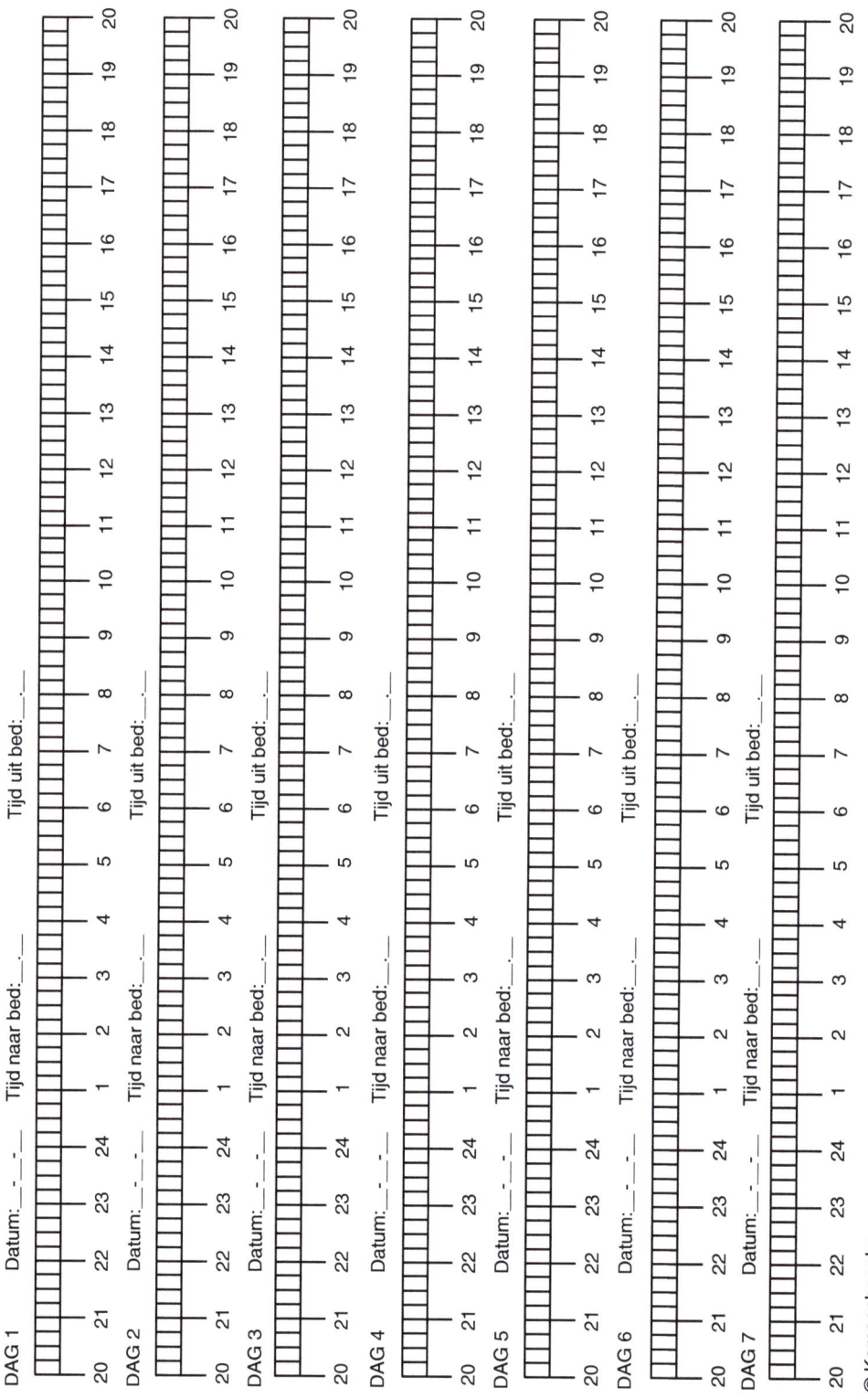

© Kempenhaeghe

BIJLAGE 3 SLAAPDAGBOEKFORMULIEREN

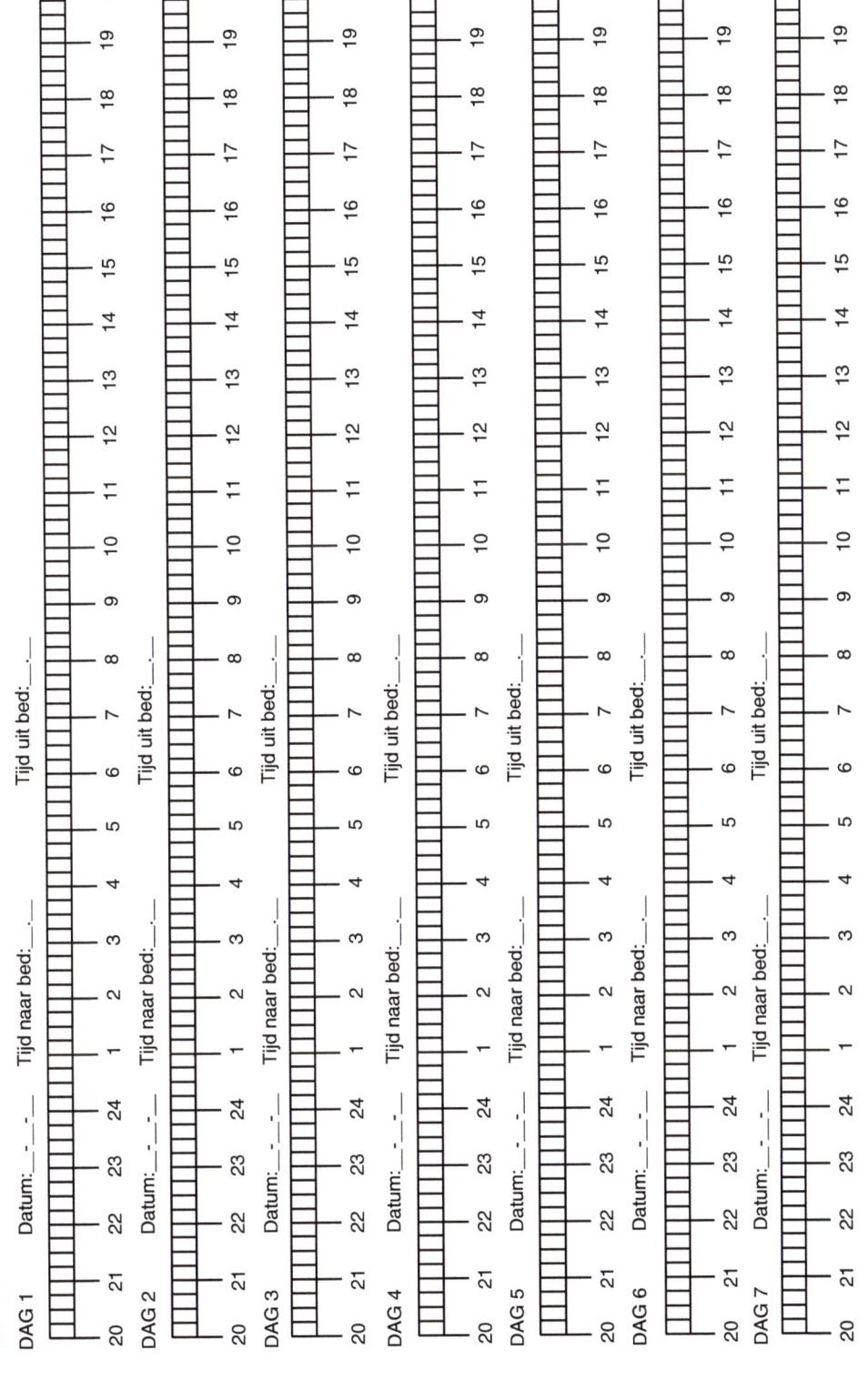

© Kempenhaeghe

MIJN SLAAP PLAN

SLAAPDAGBOEK©

DAG 1 Datum: _ _ - _ _ - _ _   Tijd naar bed: _ _ : _ _   Tijd uit bed: _ _ : _ _

DAG 2 Datum: _ _ - _ _ - _ _   Tijd naar bed: _ _ : _ _   Tijd uit bed: _ _ : _ _

DAG 3 Datum: _ _ - _ _ - _ _   Tijd naar bed: _ _ : _ _   Tijd uit bed: _ _ : _ _

DAG 4 Datum: _ _ - _ _ - _ _   Tijd naar bed: _ _ : _ _   Tijd uit bed: _ _ : _ _

DAG 5 Datum: _ _ - _ _ - _ _   Tijd naar bed: _ _ : _ _   Tijd uit bed: _ _ : _ _

DAG 6 Datum: _ _ - _ _ - _ _   Tijd naar bed: _ _ : _ _   Tijd uit bed: _ _ : _ _

DAG 7 Datum: _ _ - _ _ - _ _   Tijd naar bed: _ _ : _ _   Tijd uit bed: _ _ : _ _

© Kempenhaeghe

BIJLAGE 3 SLAAPDAGBOEKFORMULIEREN

SLAAPDAGBOEK©

DAG 1 Datum: _ _ - _ _ - _ _   Tijd naar bed: _ _ : _ _   Tijd uit bed: _ _ : _ _

DAG 2 Datum: _ _ - _ _ - _ _   Tijd naar bed: _ _ : _ _   Tijd uit bed: _ _ : _ _

DAG 3 Datum: _ _ - _ _ - _ _   Tijd naar bed: _ _ : _ _   Tijd uit bed: _ _ : _ _

DAG 4 Datum: _ _ - _ _ - _ _   Tijd naar bed: _ _ : _ _   Tijd uit bed: _ _ : _ _

DAG 5 Datum: _ _ - _ _ - _ _   Tijd naar bed: _ _ : _ _   Tijd uit bed: _ _ : _ _

DAG 6 Datum: _ _ - _ _ - _ _   Tijd naar bed: _ _ : _ _   Tijd uit bed: _ _ : _ _

DAG 7 Datum: _ _ - _ _ - _ _   Tijd naar bed: _ _ : _ _   Tijd uit bed: _ _ : _ _

© Kempenhaeghe

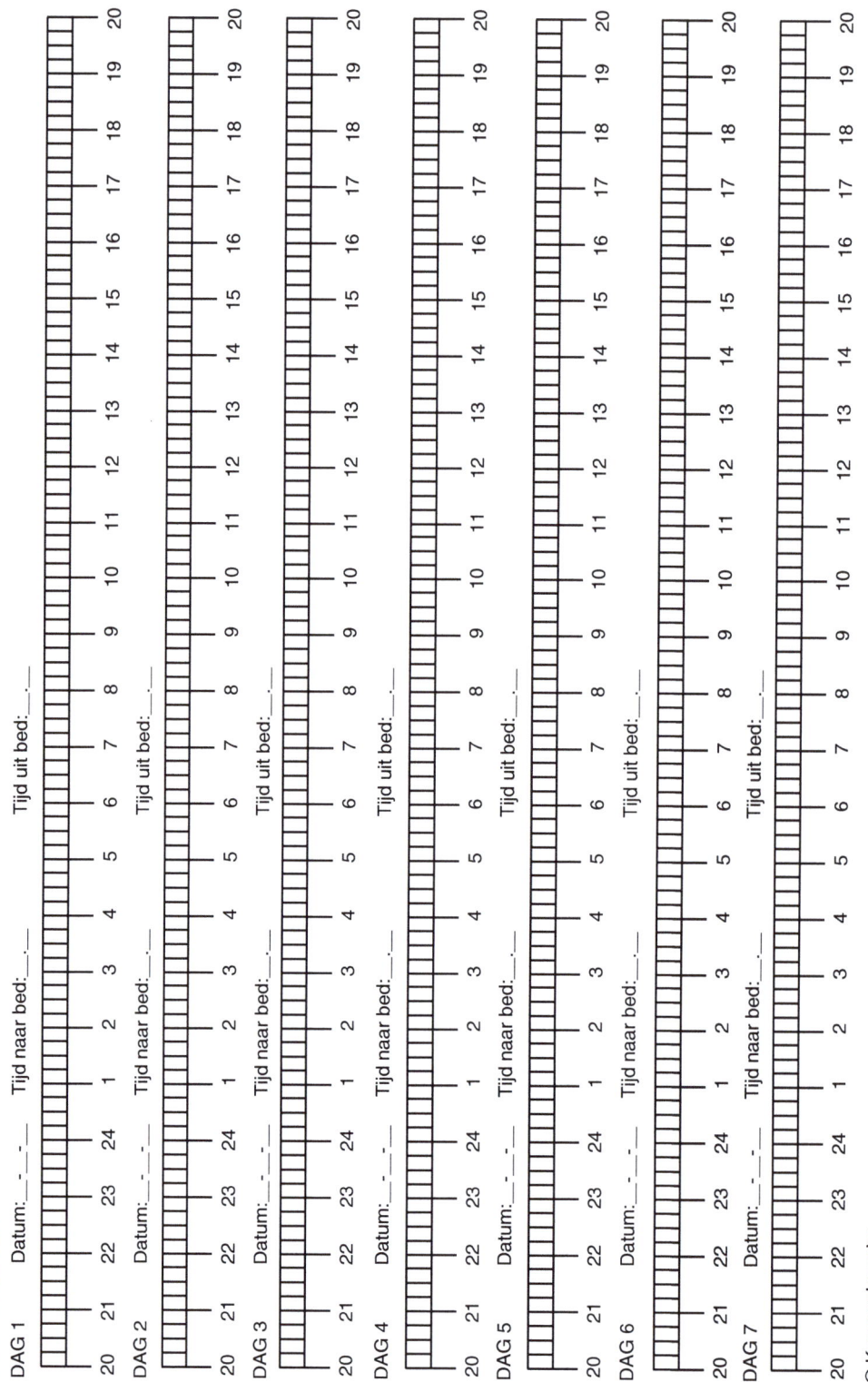

BIJLAGE 3 SLAAPDAGBOEKFORMULIEREN

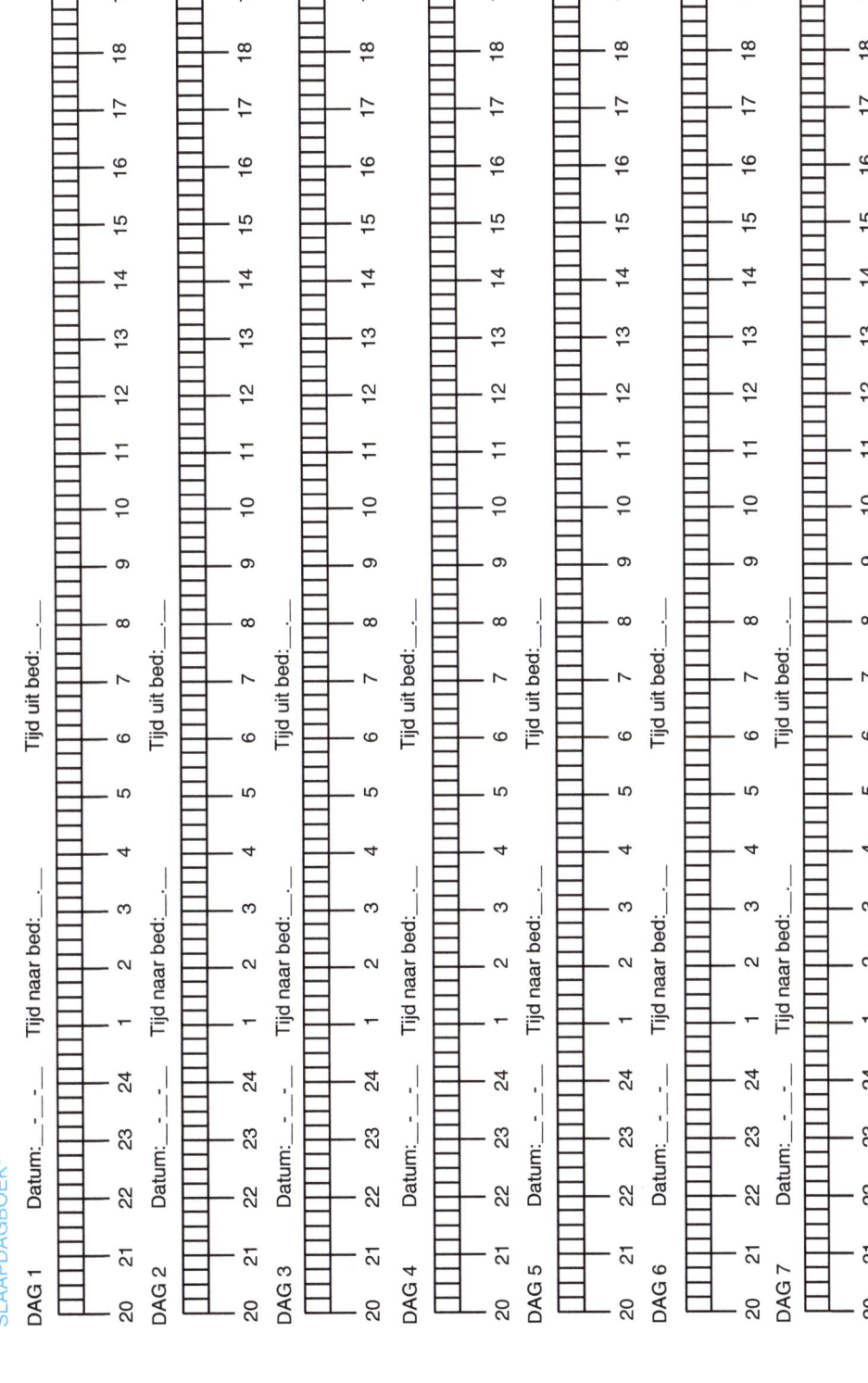

© Kempenhaeghe

MIJN SLAAP PLAN

SLAAPDAGBOEK©

DAG 1 Datum:__-__-__   Tijd naar bed:__:__   Tijd uit bed:__:__

20 21 22 23 24 1 2 3 4 5 6 7 8 9 10 11 12 13 14 15 16 17 18 19 20

DAG 2 Datum:__-__-__   Tijd naar bed:__:__   Tijd uit bed:__:__

20 21 22 23 24 1 2 3 4 5 6 7 8 9 10 11 12 13 14 15 16 17 18 19 20

DAG 3 Datum:__-__-__   Tijd naar bed:__:__   Tijd uit bed:__:__

20 21 22 23 24 1 2 3 4 5 6 7 8 9 10 11 12 13 14 15 16 17 18 19 20

DAG 4 Datum:__-__-__   Tijd naar bed:__:__   Tijd uit bed:__:__

20 21 22 23 24 1 2 3 4 5 6 7 8 9 10 11 12 13 14 15 16 17 18 19 20

DAG 5 Datum:__-__-__   Tijd naar bed:__:__   Tijd uit bed:__:__

20 21 22 23 24 1 2 3 4 5 6 7 8 9 10 11 12 13 14 15 16 17 18 19 20

DAG 6 Datum:__-__-__   Tijd naar bed:__:__   Tijd uit bed:__:__

20 21 22 23 24 1 2 3 4 5 6 7 8 9 10 11 12 13 14 15 16 17 18 19 20

DAG 7 Datum:__-__-__   Tijd naar bed:__:__   Tijd uit bed:__:__

20 21 22 23 24 1 2 3 4 5 6 7 8 9 10 11 12 13 14 15 16 17 18 19 20

© Kempenhaeghe

Bijlage 4
Onderzoek

Onderzoek naar mijn slaapgedrag

Wat wil ik precies gaan onderzoeken?

Hoe kom ik aan die informatie?

Heb ik daar iets voor nodig?

Hoe ga ik dat regelen?

Hoe onthoud ik dat ik dat ga doen?

Hoe ga ik de informatie verzamelen/meenemen de volgende keer?

Onderzoek

Wat wil ik precies gaan onderzoeken?

Hoe kom ik aan die informatie?

Heb ik daar iets voor nodig?

Hoe ga ik dat regelen?

Hoe onthoud ik dat ik dat ga doen?

Hoe ga ik de informatie verzamelen/meenemen de volgende keer?

Bijlage 5
Slaapexperimenten opzetten

Experiment 1

Welk doel wil ik behalen?
_____
_____

Mogelijke oplossingen om dit doel te bereiken:

1. _____
2. _____
3. _____
4. _____
5. _____
6. _____
7. _____
8. _____

Geef met een markering aan welke jouw drie favoriete oplossingen zijn.
Welke ga ik uitproberen?
_____

Hoe ga ik dat doen?
_____
_____
_____
_____
_____

Welke valkuilen verwacht ik? Welke dingen maken het moeilijker om het plan uit te proberen en vol te houden?
_____
_____
_____
_____

Hoe los ik dat op?

___

___

___

Wil ik het experiment nog steeds uitproberen? JA / NEE

Zo ja, hoe lang wil ik dit uitproberen? (*Zorg ervoor dat je voldoende kansen krijgt om informatie te verzamelen over de werking van dit plan.*)

___

Na afloop: Wat heeft het plan opgeleverd aan informatie?

___

___

___

___

Moet het experiment worden aangepast? Zo ja, hoe?

___

___

___

___

Experiment 2

Welk doel wil ik behalen?

_____
_____

Mogelijke oplossingen om dit doel te bereiken:

1. _____
2. _____
3. _____
4. _____
5. _____
6. _____
7. _____
8. _____

Geef met een markering aan welke jouw drie favoriete oplossingen zijn.

Welke ga ik uitproberen?

_____

Hoe ga ik dat doen?

_____
_____
_____
_____

Welke valkuilen verwacht ik? Welke dingen maken het moeilijker om het plan uit te proberen en vol te houden?

_____
_____
_____
_____

Hoe los ik dat op?

_____
_____
_____
_____

Wil ik het experiment nog steeds uitproberen?   JA / NEE

Zo ja, hoe lang wil ik dit uitproberen? (*Zorg ervoor dat je voldoende kansen krijgt om informatie te verzamelen over dit plan.*)

Wat heeft het plan opgeleverd aan informatie?

Moet het experiment worden aangepast? Zo ja, hoe?

Experiment 3

Welk doel wil ik behalen?

_____

_____

Mogelijke oplossingen om dit doel te bereiken:

1. _____
2. _____
3. _____
4. _____
5. _____
6. _____
7. _____
8. _____

Geef met een markering aan welke jouw drie favoriete oplossingen zijn.

Welke ga ik uitproberen?

_____

Hoe ga ik dat doen?

_____

_____

_____

_____

Welke valkuilen verwacht ik? Welke dingen maken het moeilijker om het plan uit te proberen en vol te houden?

_____

_____

_____

_____

Hoe los ik dat op?

_____

_____

_____

_____

Wil ik het experiment nog steeds uitproberen? JA / NEE

Zo ja, hoe lang wil ik dit uitproberen? (*Zorg ervoor dat je voldoende kansen krijgt om informatie te verzamelen over dit plan.*)

Wat heeft het plan opgeleverd aan informatie?

Moet het experiment worden aangepast? Zo ja, hoe?

Bijlage 6
Evalueren van de sessie

Hoe was de training vandaag?

Zet op de lijnen een kruis op de plek die voor jou het beste past bij hoe je het vandaag vond. Probeer het zo eerlijk mogelijk in te vullen.

de trainer werkte niet altijd met mij samen   samenwerken   de trainer werkte goed met mij samen

-----

ik heb niets aan wat we vandaag gedaan en besproken hebben   nuttig   ik heb wel iets aan wat we vandaag gedaan en besproken hebben

-----

ik denk dat ik niet ga doen wat we vandaag hebben besproken   ga ik doen   ik denk dat ik wel ga doen wat we vandaag hebben besproken

-----

Hoe was de training vandaag?

Zet op de lijnen een kruis op de plek die voor jou het beste past bij hoe je het vandaag vond. Probeer het zo eerlijk mogelijk in te vullen.

de trainer
werkte niet altijd   samenwerken   de trainer
met mij samen   werkte goed met
                                                 mij samen

ik heb niets aan wat   ik heb wel iets aan wat
we vandaag gedaan   nuttig   we vandaag gedaan en
en besproken hebben   besproken hebben

ik denk dat ik niet ga   ik denk dat ik wel ga
doen wat we vandaag   ga ik doen   doen wat we vandaag
hebben besproken   hebben besproken

Hoe was de training vandaag?

Hoe was de training vandaag?

Zet op de lijnen een kruis op de plek die voor jou het beste past bij hoe je het vandaag vond. Probeer het zo eerlijk mogelijk in te vullen.

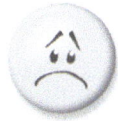 

de trainer werkte niet altijd met mij samen   samenwerken   de trainer werkte goed met mij samen

ik heb niets aan wat we vandaag gedaan en besproken hebben   nuttig   ik heb wel iets aan wat we vandaag gedaan en besproken hebben

ik denk dat ik niet ga doen wat we vandaag hebben besproken   ga ik doen   ik denk dat ik wel ga doen wat we vandaag hebben besproken

Hoe was de training vandaag?

Zet op de lijnen een kruis op de plek die voor jou het beste past bij hoe je het vandaag vond. Probeer het zo eerlijk mogelijk in te vullen.

| de trainer werkte niet altijd met mij samen | samenwerken | de trainer werkte goed met mij samen |

| ik heb niets aan wat we vandaag gedaan en besproken hebben | nuttig | ik heb wel iets aan wat we vandaag gedaan en besproken hebben |

| ik denk dat ik niet ga doen wat we vandaag hebben besproken | ga ik doen | ik denk dat ik wel ga doen wat we vandaag hebben besproken |

Hoe was de training vandaag?

Zet op de lijnen een kruis op de plek die voor jou het beste past bij hoe je het vandaag vond. Probeer het zo eerlijk mogelijk in te vullen.

| de trainer werkte niet altijd met mij samen | samenwerken | de trainer werkte goed met mij samen |

| ik heb niets aan wat we vandaag gedaan en besproken hebben | nuttig | ik heb wel iets aan wat we vandaag gedaan en besproken hebben |

| ik denk dat ik niet ga doen wat we vandaag hebben besproken | ga ik doen | ik denk dat ik wel ga doen wat we vandaag hebben besproken |

Hoe was de training vandaag?

Zet op de lijnen een kruis op de plek die voor jou het beste past bij hoe je het vandaag vond. Probeer het zo eerlijk mogelijk in te vullen.

de trainer werkte niet altijd met mij samen   samenwerken   de trainer werkte goed met mij samen

ik heb niets aan wat we vandaag gedaan en besproken hebben   nuttig   ik heb wel iets aan wat we vandaag gedaan en besproken hebben

ik denk dat ik niet ga doen wat we vandaag hebben besproken   ga ik doen   ik denk dat ik wel ga doen wat we vandaag hebben besproken

Hoe was de training vandaag?

Zet op de lijnen een kruis op de plek die voor jou het beste past bij hoe je het vandaag vond. Probeer het zo eerlijk mogelijk in te vullen.

| de trainer werkte niet altijd met mij samen | samenwerken | de trainer werkte goed met mij samen |

| ik heb niets aan wat we vandaag gedaan en besproken hebben | nuttig | ik heb wel iets aan wat we vandaag gedaan en besproken hebben |

| ik denk dat ik niet ga doen wat we vandaag hebben besproken | ga ik doen | ik denk dat ik wel ga doen wat we vandaag hebben besproken |

Hoe was de training vandaag?

Zet op de lijnen een kruis op de plek die voor jou het beste past bij hoe je het vandaag vond. Probeer het zo eerlijk mogelijk in te vullen.

| de trainer werkte niet altijd met mij samen | samenwerken | de trainer werkte goed met mij samen |

| ik heb niets aan wat we vandaag gedaan en besproken hebben | nuttig | ik heb wel iets aan wat we vandaag gedaan en besproken hebben |

| ik denk dat ik niet ga doen wat we vandaag hebben besproken | ga ik doen | ik denk dat ik wel ga doen wat we vandaag hebben besproken |

Hoe was de training vandaag?

Zet op de lijnen een kruis op de plek die voor jou het beste past bij hoe je het vandaag vond. Probeer het zo eerlijk mogelijk in te vullen.

| de trainer werkte niet altijd met mij samen | samenwerken | de trainer werkte goed met mij samen |

| ik heb niets aan wat we vandaag gedaan en besproken hebben | nuttig | ik heb wel iets aan wat we vandaag gedaan en besproken hebben |

| ik denk dat ik niet ga doen wat we vandaag hebben besproken | ga ik doen | ik denk dat ik wel ga doen wat we vandaag hebben besproken |

Hoe was de training vandaag?

Zet op de lijnen een kruis op de plek die voor jou het beste past bij hoe je het vandaag vond. Probeer het zo eerlijk mogelijk in te vullen.

de trainer
werkte niet altijd   samenwerken   de trainer
met mij samen   werkte goed met
                                                                         mij samen

ik heb niets aan wat
we vandaag gedaan   nuttig   ik heb wel iets aan wat
en besproken hebben   we vandaag gedaan en besproken hebben

ik denk dat ik niet ga
doen wat we vandaag   ga ik doen   ik denk dat ik wel ga
hebben besproken   doen wat we vandaag hebben besproken

If you have any concerns about our products,
you can contact us on
ProductSafety@springernature.com

In case Publisher is established outside the EU,
the EU authorized representative is:
**Springer Nature Customer Service Center GmbH
Europaplatz 3, 69115 Heidelberg, Germany**

Printed by Libri Plureos GmbH
in Hamburg, Germany